Damien Magoni

Service de recherche d'agent par diffusion multipoint orientée

Damien Magoni

Service de recherche d'agent par diffusion multipoint orientée

Algorithmes, protocoles et performances

Presses Académiques Francophones

Impressum / Mentions légales
Bibliografische Information der Deutschen Nationalbibliothek: Die Deutsche
Nationalbibliothek verzeichnet diese Publikation in der Deutschen Nationalbibliografie;
detaillierte bibliografische Daten sind im Internet über http://dnb.d-nb.de abrufbar.

Information bibliographique publiée par la Deutsche Nationalbibliothek: La Deutsche
Nationalbibliothek inscrit cette publication à la Deutsche Nationalbibliografie; des
données bibliographiques détaillées sont disponibles sur internet à l'adresse http://dnb.d-
nb.de.

Coverbild / Photo de couverture: www.ingimage.com

Verlag / Editeur:
Presses Académiques Francophones
ist ein Imprint der / est une marque déposée de
AV Akademikerverlag GmbH & Co. KG
Heinrich-Böcking-Str. 6-8, 66121 Saarbrücken, Deutschland / Allemagne
Email: info@presses-academiques.com

Herstellung: siehe letzte Seite /
Impression: voir la dernière page
ISBN: 978-3-8381-7574-4

SERVICE DE RECHERCHE D'AGENT PAR DIFFUSION MULTIPOINT ORIENTÉE

Damien MAGONI

1er novembre 2012

Table des matières

II   Protocoles de diffusion orientée et de recherche d'agent   59

III   Évaluation du service de recherche d'agent   101

Introduction

L'objectif de ce document est d'étudier les mécanismes de recherche d'agent utilisés par des protocoles et des applications dédiés à l'Internet, et de proposer un service original et efficace de recherche dynamique d'agent au niveau de la couche réseau. Ce service est basé sur deux nouveaux protocoles que nous définissons dans ce document. Ce travail concerne donc les communications multipoints, la construction d'arbres de diffusion multipoint et la recherche de gestionnaires de communication.

De nombreux services, applications et protocoles ont besoin de localiser ou d'activer un noeud du réseau (ou parfois plusieurs) ayant un rôle particulier à jouer dans une communication (il est parfois appelé agent). Dans certains cas, il s'agit de localiser l'agent le plus proche rendant un service particulier, comme par exemple un serveur de noms. Si les agents se déclarent à l'avance, plusieurs approches sont possibles : les approches classiques par annuaire tel que celle définie dans le protocole Service Location Protocol, mais il est difficile de choisir automatiquement le serveur en fonction de sa proximité, ou les approches plus récentes basées sur l'anycasting. Dans ce cas, le système de routage a la charge d'aiguiller la demande vers l'agent le plus proche. L'extensibilité de cette approche à grande échelle géographique et à grand nombre de services et d'agents n'est pas encore établie.

Un autre cas de figure est celui où les agents ne se déclarent pas : le coût est donc nul tant qu'il n'y a pas de client. Dans ce cas, le client doit envoyer une requête qui doit finir par atteindre un ou plusieurs agents potentiels, si possible les plus proches. Des mécanismes ont déjà été proposés pour cela, comme celui des expanding rings : la recherche se fait par une suite de diffusions à portée croissante, jusqu'à obtenir au moins une réponse. L'un des problèmes avec cette méthode est de ne pas surcharger le réseau avec la diffusion des requêtes. Elle n'est pas applicable pour trouver un agent qui serait très éloigné, puisqu'on serait amené à effectuer des diffusions dans Internet tout entier.

La résolution de ce problème de recherche d'agent est délicate et importante. Délicate car il faut trouver un compromis entre une dynamicité des informations de recherche qui coûte cher en bande passante et un stockage d'informations de recherche qui devient rapidement obsolète. Importante car de plus en plus de protocoles mettent en jeu plus de deux interlocuteurs ce qui nécessite des moyens de localisation d'interlocuteurs de plus en plus sophistiqués.

Dans notre travail, nous proposons une solution au problème de recherche d'agent en ajoutant une hypothèse supplémentaire (souvent vérifiée dans la pratique). Cette hypothèse consiste à posséder l'adresse d'un noeud particulier appelé cible et permettant d'orienter la recherche dans une certaine direction. Nous pouvons dans ce cas proposer une solution de recherche d'agent dynamique (plus avantageuse qu'un système d'annuaire) qui reste économe concernant l'utilisation de la bande passante du réseau. Elle consiste à diffuser des paquets de recherche dans une zone restreinte du réseau se trouvant autour d'un chemin entre l'initiateur de la recherche et la cible. En effet, il est souvent utile de trouver un agent qui soit *proche* de la route entre un client et un autre noeud du réseau. Citons le cas où un récepteur et un émetteur d'une émission vidéo utilisent des formats incompatibles. Le récepteur doit alors localiser un agent convertisseur, si possible sans trop augmenter la distance totale parcourue par les données vidéo. Notre solution permet la recherche efficace de ce type d'agent. Le problème de recherche d'agent peut s'étendre au cas de récepteurs multiples. En particulier la construction d'arbres multicast nécessite de trouver le point (agent) situé sur l'arbre déjà construit, et le plus proche possible de la route menant du nouveau récepteur à la racine de l'arbre. Notre recherche orientée est aussi applicable dans ce cadre. Nous validons nos protocoles par simulation en utilisant le simulateur *ns-2*.

Notre solution a donc de nombreuses applications potentielles : construction d'arbres multipoint au niveau réseau, construction d'arbres multipoint au niveau applicatif, localisation d'agents dans des réseaux actifs, ... En général, le mécanisme de localisation que nous proposons peut fournir plusieurs agents.

Une deuxième phase consiste donc à choisir l'agent qui sera utilisé, c'est la phase de sélection. La sélection peut se faire soit en affinant les critères liés au réseau (débit ou délai réellement disponibles avec le demandeur), soit en ajoutant des critères liés aux agents eux-mêmes (ressources locales disponibles par exemple). Concernant la réalisation de notre solution, nous l'avons définie comme un *service* de recherche dynamique d'agent au niveau de la couche réseau. Ce service pourrait ainsi être utilisé par tout autre protocole ou application ayant besoin d'un mécanisme de recherche. Cela permettrait d'éviter des implémentations redondantes de mécanismes de recherche dans tous les protocoles y faisant appel. Notre service est basé sur deux protocoles que nous avons créés afin de résoudre le problème de la recherche d'agent le plus efficacement possible et que nous avons nommés :

- Protocole de diffusion multipoint orientée (OMP). Il se place dans la couche réseau au dessus du protocole IP et permet la diffusion multipoint de paquets dans une zone restreinte.
- Protocole de recherche dynamique d'agent au niveau réseau (NASP). Il se place dans la couche application et gère les émissions de requêtes de recherche d'agent ainsi que leurs éventuelles réponses.

Ce document se divise en trois parties distinctes :

- La première consiste en un état de l'art à la fois des protocoles et des applications pouvant bénéficier de protocoles de recherche et de placement d'agent et des mécanismes de recherche déjà utilisés ou proposés (annuaires, anycasting, ...).
- La deuxième partie contient la description d'un protocole de diffusion multipoint orientée. La diffusion orientée est l'émission multipoint d'une source vers un noeud spécifique appelé cible. Le principe général de l'algorithme est d'atteindre uniquement les noeuds situés sur ou près d'un plus court chemin entre la source et la cible. Ce qui équivaut à canaliser la diffusion multipoint à certains noeuds topologiquement placés dans une zone restreinte située entre la source et la cible. Nous détaillons l'algorithme complet nécessaire à l'implémentation de ce protocole ainsi que des informations sur la mise en oeuvre tel que le format des entêtes du protocole et les mécanismes à mettre en place dans le code de traitement

des paquets. Cette partie contient aussi la description d'un service de recherche dynamique d'agent au niveau de la couche réseau. Le protocole de recherche correspondant à ce service utilise le protocole de diffusion orientée. Nous détaillons l'architecture et l'interface de ce service ainsi que son utilisation. Nous décrivons l'algorithme du protocole correspondant à ce service ainsi que des informations permettant son implémentation.

– Enfin la troisième partie de ce document fournit une évaluation de notre solution par simulation. Pour ce faire, nous décrivons un générateur de topologies ayant des caractéristiques similaires à celles mesurées dans des cartes réelles de l'Internet. Après avoir implémenté nos protocoles dans le simulateur *ns - 2* de l'UCB, nous les avons testés sur des graphes créés par notre générateur *nem*. Les résultats des simulations sont analysés et une comparaison des performances est réalisée entre notre service et le mécanisme de recherche par anneaux croissants.

Première partie

Rôle des agents dans les réseaux et techniques de découverte

Chapitre 1

Rôle des agents

Dans ce chapitre, nous donnons notre définition d'un agent, nous présentons des exemples d'agents tel que nous pouvons en trouver dans des protocoles (et leurs applications associées) réseaux point-à-point ou multipoint et nous détaillons leur mode de fonctionnement ainsi que le rôle qui leur est assigné dans chaque exemple de protocole.

1.1 Agent réseau

L'objectif de cette section est de définir ce que l'on nomme un agent réseau. Nous préciserons aussi le contexte général d'utilisation d'un agent réseau.

1.1.1 Définition d'un agent

Un agent réseau peut se définir comme suit :

Définition 1 *On appelle agent réseau, ou plus succinctement agent, un processus intégré à un protocole réseau ou à une application réseau, qui fournit via un réseau, un service ou une fonctionnalité nécessaire au protocole ou à l'application.*

Un agent est donc un noeud du réseau ayant une fonction particulière dans un protocole ou une application.

1.1.2 Contexte des agents

Nous nous plaçons dans le contexte d'un réseau informatique classique à commutation de paquets exécutant la suite de protocoles TCP/IP [Pos81a, Pos81b]. Les paquets sont commutés dans le réseau par des routeurs. Dans le cas général, le réseau considéré sera l'*Internet* tout entier. Sinon, le texte précisera de quel réseau ou type de réseau nous traitons.

Comme un agent peut s'exécuter dans le cadre d'un protocole ou d'une application, il pourra, selon les cas, s'exécuter soit sur un routeur, soit sur une machine hôte. Cette dernière pourra être une machine cliente ou un serveur dédié.

Nous supposons dans le cas général que l'agent se place en intermédiaire d'une communication point-à-point ou multipoint. Si un utilisateur visionne un flux vidéo depuis un serveur à travers l'Internet, le serveur n'est pas considéré comme un agent car il n'est pas un intermédiaire dans la communication. Par contre si l'utilisateur doit faire appel à un convertisseur vidéo (situé sur une autre machine du réseau) pour convertir le format du flux vidéo dans un format qu'il est capable de visualiser alors le convertisseur peut être considéré comme un agent.

De même si un utilisateur effectue un transfert de fichiers depuis un serveur à travers l'Internet, le serveur n'est pas considéré comme un agent car il n'est pas un intermédiaire dans la communication. Par contre si l'utilisateur est redirigé vers un serveur miroir pour télécharger ses fichiers, ce dernier pourra être considéré comme un agent. Bien que le serveur miroir remplace le serveur original plus qu'il ne l'assiste, il peut être considéré comme un agent dans le cadre de la recherche d'agent.

1.2 Agents de protocoles point-à-point

1.2.1 Informateurs

Le succès de l'Internet a entraîné l'augmentation drastique de l'utilisation de certains protocoles point-à-point dont principalement les protocoles HTTP et FTP et dans une moindre mesure les protocoles Gopher et WAIS de recherche d'information. Afin d'alléger la charge supportée par ces serveurs, on a mis en place des serveurs miroirs. L'objectif est de rediriger les requêtes vers un autre serveur qui possède une copie des informations contenues dans le serveur original (d'où le nom de serveur miroir). Cependant l'intérêt de la redirection serait encore plus grand si un serveur miroir plus proche du client que le serveur original pouvait être choisi. Choisir le serveur miroir le plus proche du client nécessite de connaître la distance (nombre de sauts, délai ou bande passante) du client aux serveurs potentiels. Un besoin crucial de mesure de distances (selon diverses métriques) est donc apparu. Afin de fournir un service de mesure de distances, divers projets ont vu le jour. Ils définissent des agents, que nous nommons informateurs, capables de mesurer les caractéristiques réseaux et en particulier les distances d'Internet.

1.2.1.1   L'architecture NIMI

Le projet National Internet Measurement Infrastructure (NIMI) de Paxson *et al.* [Pax96, PMAM98, PAMM98] a pour but de mettre en place une architecture générale et adaptable à grande échelle de mesure de paramètres réseaux (délai, bande passante, taux de pertes, ...). Pour ce faire, les créateurs de NIMI ont développé un programme de mesure nommé Network Probe Daemon (NPD) qui peut s'identifier, selon notre terminologie, à un agent informateur. L'objectif est d'exécuter ce programme sous la forme d'un service dans des machines disséminées le plus possible à travers l'Internet. De nombreux volontaires (i.e., une trentaine) ont déjà accepté d'exécuter NPD gracieusement sur une de leurs machines. Chaque serveur NPD fonctionne comme un serveur de mesure qui accepte l'emploi d'outils de mesures tels que traceroute et tcpdump entre lui et une machine distante qui peut être soit un autre serveur NPD ou soit une machine cliente. L'intérêt de l'infrastructure NIMI est que l'utilisation de N sites permet de mesurer les caractéristiques de $O(N^2)$ routes IP entre les sites. Les caractéristiques ainsi calculées par ces agents pourraient être mises à la disposition d'autres protocoles par le biais d'un service tiers. En particulier, les distances pourraient être fournies aux protocoles nécessitant la localisation du serveur miroir le plus proche.

15

1.2.1.2 L'architecture IDMaps

L'objectif de l'architecture IDMaps de Jamin *et al.* [JJJ⁺00, JJK⁺01] est de fournir une carte des distances de l'Internet depuis laquelle il sera possible d'extraire des distances relatives entre des hôtes spécifiques. L'information de distance est distribuée dans l'Internet en utilisant des groupes multipoints IP sous la forme d'une carte des distances virtuelle. Les distances dans IDMaps sont mesurées par des agents appelés tracers qui envoient des paquets sondes de façon périodique vers des destinations proches. Les tracers doivent être disséminés à de nombreux endroits de l'Internet car les distances correspondant à une certaine localisation ne peuvent être mesurées qu'à partir de cette localisation. Les tracers ne font que mesurer certaines distances inter-réseaux et les annoncer à des groupes multipoints. Des serveurs HOPS [Fra98] sont à l'écoute des tracers et calculent sur demande des distances de bout-en-bout au profit de clients Internet. Ces clients effectuent des requêtes auprès d'un serveur HOPS par un simple protocole de type question/réponse.

1.2.2 Passerelles

Certains protocoles point à point ou encore des applications réseaux définissent des agents, que nous nommons passerelles, capables de servir d'intermédiaire entre les deux membres de la communication point-à-point. Leurs fonctions peuvent être de la conversion de format, du filtrage, du cryptage, de la délégation ...

1.2.2.1 L'architecture MeGa

L'architecture de service actif de Amir *et al.* [AMK98] (active service framework) définit un agent nommé Service Agent (SA) ou servent. Dans le cas de MeGa, le SA est une passerelle vidéo. L'agent de MeGa n'est pas un retransmetteur situé au niveau de la couche transport tel que les agents retransmetteurs de la section 1.3.2 mais plutôt une passerelle située au niveau de la couche application.

L'objectif est d'utiliser l'approche de services actifs plutôt que celle de réseaux actifs : i.e., promouvoir le placement de calculs définis par l'utilisateur

16

dans le réseau tout en conservant la sémantique d'envoi et de routage de l'architecture actuelle d'Internet. L'architecture de MeGa doit :

- pouvoir ajuster le débit d'un flux vidéo ou d'un ensemble de flux vidéo pour s'adapter à la capacité restreinte de liens de communication situés à des endroits stratégiques dans le réseau, c'est à dire créer des passerelles vidéo (vidéo gateways) sous forme de services actifs ;
- permettre au client de localiser ces passerelles ;
- permettre au client de pouvoir contrôler et reconfigurer dynamiquement un SA ;
- pouvoir gérer une répartition des ressources entre SA d'un même cluster (groupe) ;
- autoriser un client à solliciter plusieurs SA afin d'augmenter les performances du service demandé.

Pour ce faire, MeGa déploie une infrastructure de service actif, qui fournit la base programmable sur laquelle on peut construire des services réseaux spécifiques. S'y ajoute la spécialisation de cette infrastructure pour un service de passerelle de média. Les utilisateurs qui nécessitent un service actif sont appelés clients. Dans le réseau réside un ou plusieurs groupes de noeuds de services actifs nommés clusters. Les clients activent des instances des SA de niveau applicatif sur un ou plusieurs clusters. Le comportement d'un SA est défini par son programme de service actif spécifique, et une fois créé, le SA est contrôlé par les clients par des méthodes spécifiques au SA (l'implémentation de contrôle est embarquée dans le SA). De multiples SA peuvent être composés soit dans un même cluster, soit parmi plusieurs clusters pour implémenter des services plus complexes. Pour assurer un fonctionnement robuste et une réaction adéquate aux pannes, l'existence du SA doit être continuellement rafraîchie par le client, et lorsque les messages de rafraîchissement cessent, l'architecture de service actif AS (active service) détecte le client perdu et met fin au SA correspondant.

Avant qu'un client puisse démarrer un SA, il doit d'abord localiser le service actif. Il doit obtenir des informations de configuration qui lui permettront de joindre un cluster AS1. Pour cela les clients écoutent à une adresse multipoint spécifique sur laquelle sont périodiquement envoyées les informations de configuration requises. Cette méthode dérive du Service Location Protocol (voir section 2.2.3). Ainsi, les clients n'ont besoin au départ que d'une seule information : l'adresse réseau multipoint (de type D) du canal de contrôle. Lorsque les clients ont contacté le service actif, il peuvent créer un nombre arbitraire de SA dans ou par-delà le cluster comme cela est illustré sur la figure 1.1. Cependant, celui-ci doit attribuer intelligemment ses ressources aux requêtes de service pour équilibrer la charge et si nécessaire dégrader le service ou le refuser sous forte charge. Pour gérer la création des SA et optimiser leur nombre selon leur fonction, a été créé un protocole nommé ASCP qui ne sera pas détaillé ici.

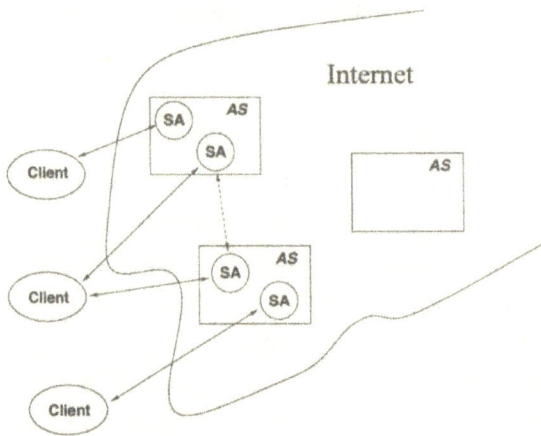

FIGURE 1.1 – Servents

On peut noter que :
- Le choix d'un ou plusieurs SA ne dépend pas de la topologie du réseau, donc ne dépend pas des distances entre le client, le cluster et la source.
- MeGa ne spécifie pas comment placer les clusters dont la position est probablement gérée de façon administrative, ce qui laisse peu de marge pour un choix topologique des SA.
- MeGa a été déployé sur un LAN et ce qu'il considère comme placement est l'activation d'un ou plusieurs SA dans des clusters et non pas un

placement basé sur la position géographique des clusters.

1.2.2.2 L'architecture IMA

L'Internet Multicast Architecture (IMA) [TFB01] a pour but de fournir un service de communication de groupe en faisant abstraction des limites de la couche réseau. Cette solution fait partie de l'approche nommée sur-couche multipoint (Overlay Multicast (OM) en anglais) tout comme HBM [RES01], RMX, ... Plus précisément, IMA est conçue pour fournir divers services multipoints en s'appuyant uniquement sur du point-à-point IP ou TCP/UDP. Ces services comprennent entre autres du flux multipoint fiable, du multipoint non fiable IP et du multipoint non fiable UDP [Pos80]. Beaucoup d'applications de groupe utilisent actuellement un ensemble de communications unicast pour réaliser une communication multipoint. Des exemples typiques sont les flux multimédia temps-réel, les jeux multi-joueurs, les conférences audio/vidéo, le télé-enseignement, ... IMA ne définit pas d'agent particulier en ce sens que tout membre d'une communication IMA est un agent qui contient une couche de middleware qui permet aux protocoles définis dans celle-ci d'implémenter le service demandé par l'application en utilisant les protocoles réseaux disponibles (i.e., de l'unicast dans la majorité des cas). Par exemple le multipoint fiable fourni par IMA est réalisé par la création d'un arbre de recouvrement au niveau transport composé de connections TCP entre les participants. IMA ne définit pas encore les mécanismes de connection des membres entre eux en particulier afin d'optimiser des critères tels que le nombre de sauts ou le délai. Il est clair cependant que les noeuds qui ne sont pas feuilles de l'arbre TCP joueront un rôle de passerelle au niveau de la couche IMA et la manière dont ils le feront reste aussi à définir.

1.3 Agents de protocoles multipoint

1.3.1 Arbres multipoint

On trouve en général deux types d'agent dans les protocoles de diffusion multipoint. Le premier type d'agent est celui qui permet à un futur récepteur de trouver la (ou une) *racine* de l'arbre multipoint. On appelle *racine*, le noeud d'un arbre de communication multipoint qui reçoit les paquets destinés à un groupe multipoint donné et qui les diffuse aux récepteurs de ce groupe. Lorsqu'un client cherche à joindre une communication multipoint, c'est ce premier type d'agent, décrits dans les sections suivantes, qui lui permet de localiser la racine.

Le deuxième type d'agent est constitué par les noeuds de l'arbre multipoint candidats à la *greffe* du futur récepteur. Lorsqu'un récepteur a réussi à contacter la racine du groupe multipoint qui l'intéresse grâce aux agents du premier type, la racine doit l'intégrer à l'arbre multipoint existant. Le récepteur doit donc se connecter à un noeud appartenant déjà à l'arbre multipoint voulu. C'est ce processus que nous appelons *greffe*. Le noeud auquel va se rattacher le récepteur est considéré comme un agent dans cette problématique. Dans les protocoles de diffusion multipoint, le premier type d'agent a généralement un nom spécifique alors que le deuxième type n'est pas nommé.

1.3.1.1 Le protocole PIM-SM

Le protocole Protocol Independent Multicast - Sparse Mode (PIM-SM) [EFH+98] est un protocole de diffusion multipoint de type best effort. Les acteurs du protocole PIM-SM sont détaillés sur la figure 1.2.

Il définit un agent nommé Bootstrap Router (BSR) qui permet au routeur désigné (Designated Router) d'un récepteur d'obtenir l'adresse d'une racine nommée rendez-vous point (RP). Le BSR résout les problèmes suivants :

- Obtention des informations sur les RP.
- Élection du BSR.
- Partitionnement du réseau.
- Gestion de la panne d'un RP.

Pour obtenir les information sur les RP, tous les routeurs d'un domaine PIM collectent les messages de bootstrap. Le BSR du domaine (ici un domaine est un ensemble contigu de routeurs qui implémentent PIM et qui opèrent dans les frontières définies par les routeurs de bordure PMBR) est responsable de l'émission de ces messages. Les messages de bootstrap ont deux utilisations :

- distribuer l'information sur les RP lorsque l'état du réseau est stable.

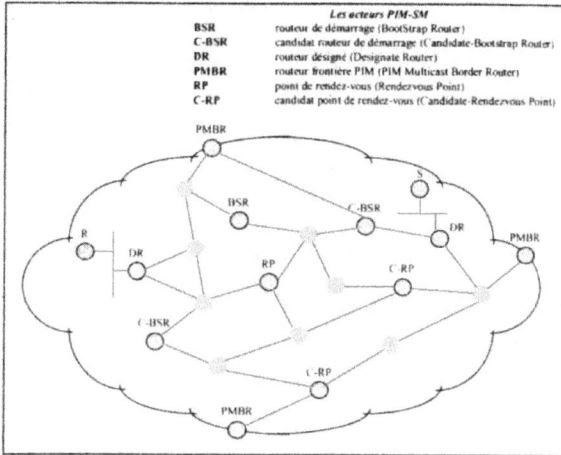

Les acteurs PIM-SM	
BSR	routeur de démarrage (BootStrap Router)
C-BSR	candidat routeur de démarrage (Candidate-Bootstrap Router)
DR	routeur désigné (Designate Router)
PMBR	routeur frontière PIM (PIM Multicast Border Router)
RP	point de rendez-vous (Rendezvous Point)
C-RP	candidat point de rendez-vous (Candidate-Rendezvous Point)

FIGURE 1.2 – Acteurs d'un domaine PIM-SM

– gérer l'élection dynamique d'un BSR : le BSR ayant la plus haute priorité et la plus haute adresse est élu, on l'appelle le BSR préféré.

Les routeurs utilisent un ensemble de RP disponibles (appelé le RP-set) distribués dans les messages de bootstrap pour avoir la correspondance entre groupes multipoint et RP. Un petit ensemble de routeurs sont configurés comme étant des candidats BSR, et par un simple mécanisme d'élection, un BSR unique est sélectionné pour ce domaine. Un ensemble de routeurs dans un domaine sont configurés comme candidats RP : typiquement ce sont les mêmes que ceux choisis comme candidats BSR. Les candidats à être un point de rendez-vous (nommés C-RP) envoient périodiquement au BSR des messages d'annonces (advertisement). Ces messages contiennent l'adresse du C-RP ainsi qu'une adresse de groupe optionnelle et un champ de longueur de masque, indiquant le(s) préfixe(s) de groupe pour lesquels la candidature est annoncée. Le BSR inclut un ensemble de ces C-RP (le RP-set) dans les messages de bootstrap. Ces messages sont distribués saut par saut (hop by hop) à travers le domaine et émis par le BSR à intervalles réguliers. Les routeurs reçoivent et stockent les messages bootstrap du BSR. Quand un DR reçoit une demande d'adhésion pour un groupe dont il n'a pas d'entrée, le DR utilise une fonction de hachage pour

21

faire correspondre l'adresse de groupe à l'un des C-RP dont le préfixe de groupe inclut le groupe demandé. Le DR envoie alors un message JOIN à ce RP. Le message bootstrap indique la vivacité des RPs inclus dans celui-ci. Si un RP est contenu dans le message alors il est marqué comme actif dans les routeurs, sinon il est retiré de la liste des RPs sur laquelle agit l'algorithme de hachage. Si un domaine PIM est partitionné, chaque zone va élire son propre BSR, qui distribuera un RP-set contenant les RP qui peuvent être atteints à l'intérieur de cette partition. Quand le partitionnement est annulé, une autre élection aura lieu automatiquement et un seul des BSR conservera son rôle. La fonction de hachage est utilisée par tous les routeurs à l'intérieur d'un même domaine, pour faire correspondre un groupe à l'un des C-RP du RP-set. Pour un groupe particulier G, la fonction de hachage utilise seulement les C-RP dont le préfixe de groupe couvre ou contient G. L'algorithme prend en entrée l'adresse du groupe et les adresses des C-RP et donne en sortie une adresse RP unique à utiliser. Le protocole requiert que tous les routeurs hachent vers le même RP à l'intérieur d'un domaine. Des égalités entre RP ayant la même valeur de hachage et la même valeur de priorité sont résolues à l'avantage du RP ayant la plus haute adresse. L'algorithme de hachage est invoqué par un DR, à réception d'un paquet ou d'une indication d'adhésion, pour un groupe donné, pour lequel le DR n'a pas d'entrée. Il est invoqué par tout routeur qui a l'entrée (*, *, RP) quand un paquet est reçu pour lequel il n'y a aucune entrée correspondante (S, G) ou (*, G). De plus, il est invoqué par tous les routeurs à réception d'un message JOIN / PRUNE (*,G) ou (*,*,RP).

En ce qui concerne le processus de greffe, PIM-SM construit un arbre des plus courts chemins. Le choix du BSR et des RP ne tient pas compte de la topologie du réseau ce qui peut fortement nuire aux performances, l'arbre de diffusion n'étant pas optimisé. Enfin, le choix des C-BSR et des C-RP doit se faire manuellement ce qui empêche son déploiement à grande échelle.

1.3.1.2 Le protocole YAM

L'objectif du protocole YAM [CC97, CC99] est d'optimiser la construction d'arbres partagés en ayant la capacité de fournir de multiples routes pour le noeud joignant un arbre existant. Le processus de greffe est divisée en deux parties intra et inter-domaine, s'alignant ainsi avec la séparation actuelle du routage point-à-point intra et inter-domaine.

La formation d'une branche initiale intra-domaine vers l'arbre partagé est illustrée sur la figure 1.3 et peut se dérouler de deux manières :

– un récepteur contacte son routeur feuille via IGMP. Celui-ci utilise un DNS pour obtenir la correspondance Egress Node (EN)–groupe multipoint. Il contacte alors l'EN par une requête join. Si le récepteur quitte le groupe alors la branche est coupée.

– un émetteur non membre dans le domaine envoie des données à l'adresse du groupe multipoint. Dans ce cas le routeur feuille recevant ce flux utilise un DNS pour obtenir la correspondance EN–groupe multipoint. Il contacte alors l'EN comme ci-dessus. Cependant un temporisateur est déclenché suivant sa connexion. Si l'émetteur arrête d'envoyer des données alors la branche est coupée.

Stub Domain

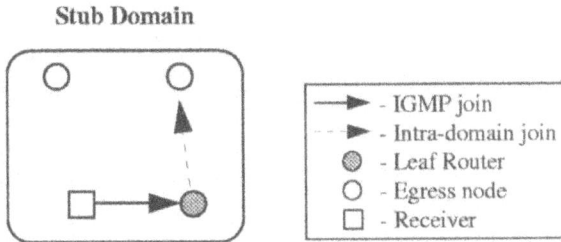

FIGURE 1.3 – Recherche intra-domaine

La formation d'une branche inter-domaine vers l'arbre partagé se base sur une technique appelée spanning join. Elle est illustrée sur la figure 1.4. C'est un mécanisme qui crée un arbre couvrant enraciné à la source multipoint émanant du noeud joignant vers n'importe quel noeud de l'arbre. Cet arbre est construit par un algorithme qui utilise le broadcast avec Reverse Path Forwarding (voir section 2.3.1). Cela permet de construire des arbres optimaux en termes de distances à partir d'autres noeuds en direction de la source, tout en supprimant les paquets dupliqués sans requérir le maintien d'information d'état pour chaque source du join. On peut dire qu'un Source Based Tree (SBT) dans le plan de

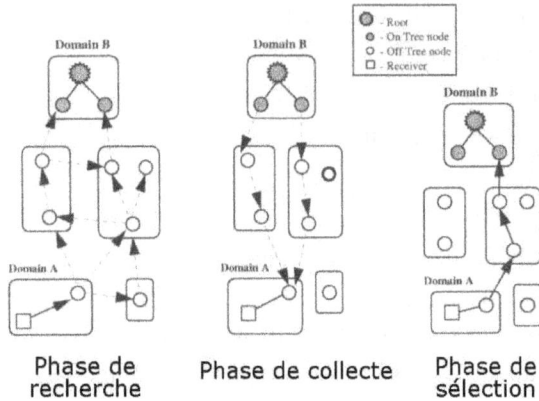

Phase de recherche   Phase de collecte   Phase de sélection

FIGURE 1.4 – Recherche inter-domaine

contrôle est utilisé pour construire un Shared Tree (ST) dans le plan des données. Les joins inter-domaines ne sont générés que par les ENs et sont envoyés vers une adresse multipoint bien connue. Lorsqu'un EN n'a pas d'entrée pour le groupe cible, il déclenche la création d'un spanning join inter-domaine. Si un noeud qui reçoit un join inter-domaine n'a pas d'entrée pour l'adresse du groupe cible, il diffuse le message vers ses interfaces de sortie par Reverse Path Forwarding (RPF) [DM78]. Quand le message est reçu par un noeud sur l'arbre qui a un état (une information) pour le groupe, celui-ci répond avec une requête join point-à-point vers l'EN qui a initié le one-to-many join. Si plusieurs noeuds répondent, l'EN a plusieurs chemins inter-domaines parmi lesquels choisir. Après son choix, les autres chemins temporaires sont détruits. Deux méthodes ont été développées pour restreindre l'impact des spanning joins :

– expanding rings : le TTL est positionné à une faible valeur puis augmenté comme une suite arithmétique de raison N pour minimiser le temps de recherche.

– directed spanning joins : une adresse point-à-point et une métrique de routage sont inclues dans le message *join*. L'adresse pointe vers la cible de l'arbre couvrant (par exemple une racine bien connue). La métrique de routage mesure la distance actuelle d'un noeud parent vers l'adresse de destination. Ce critère est utilisé par le noeud fils pour savoir s'il doit

24

continuer l'algorithme de diffusion RPF ou détruire le message. Ce système n'utilise pas le TTL et requiert des informations a priori (l'adresse point-à-point de la cible) pour fournir un point de référence.

Si une racine n'existe pas pour un groupe multipoint donné, l'EN contacté par le premier récepteur devient lui-même racine de l'arbre partagé.

1.3.1.3 Le protocole QoSMIC

Le protocole QoSMIC [BFP98] est destiné à construire des arbres multipoints en assurant une qualité de service (QoS) aux utilisateurs. Il est étudié pour limiter l'impact des décisions de pré-configuration tel que le choix de routeurs spéciaux ou un partitionnement spécial de l'espace d'adressage multipoint. Tout comme son prédécesseur YAM, il optimise la construction d'arbres partagés car il a la capacité de fournir de multiples routes pour le noeud joignant un arbre existant. Il est capable de construire des arbres de distribution utilisant efficacement les ressources du réseau. Il résout le problème de placement de la racine dans les protocoles de routage multipoint. Il est robuste aux pannes de la racine, ne crée pas de boucles et supporte le passage à grande échelle.

Le protocole QoSMIC définit un agent nommé : **Manager Router** (MR). Le MR administre un groupe multipoint spécifique, et facilite l'insertion des nouveaux membres du groupe. La différence entre un MR et un routeur racine est que l'arbre de distribution des données n'est pas enraciné au MR. Ainsi la sélection du MR a un effet marginal sur la topologie de l'arbre. De plus on peut avoir plusieurs MRs et changer de MR durant la vie d'un groupe sans perte de donnée. La recherche du noeud racine utilise deux techniques :

– la procédure de recherche locale : comme dans YAM.

– la procédure de recherche par l'arbre multipoint (PRAM) : le nouveau routeur (le DR du nouveau membre) contacte le MR et le MR informe l'arbre du nouveau routeur. Quelques routeurs dans l'arbre sont sélectionnés comme candidats (selon des méthodes décrites ci-dessous). Ils s'annoncent au nouveau routeur par des messages point-à-point. Le routage est soft-state, le nouveau routeur doit périodiquement envoyer des JOINs sinon la route est détruite.

Le chemin choisi par les messages d'annonce dépend de la QoR statique contenue dans la Routing Information Base (RIB). La métrique spécifique utilisée par le protocole de routage dépend des besoins de l'application. Cependant les messages d'annonce peuvent collecter des métriques dynamiques et à jour de QoS le long du chemin qu'ils empruntent (en interagissant avec RSVP [BZB+97] ou en utilisant des métriques basées sur des mesures). C'est pourquoi, bien que les chemins que les candidats choisissent soient restreints par l'information statique de la RIB, le nouveau routeur sélectionne un chemin parmi ces chemins en utilisant des informations de routage dynamiques.

La sélection des candidats par la PRAM peut être centralisée ou distribuée :

– sélection centralisée : si le MR a une connaissance suffisante de l'arbre et de la topologie du réseau, le MR peut choisir un ensemble de candidats directement. C'est possible si le MR est dans un domaine utilisant un protocole de routage par états des liens (Link-State Routing (LSR)) ou s'il a accès à une RIB. Alors le MR émet en point-à-point un BID_ORDER à ces derniers.

– sélection distribuée : on suppose que chaque routeur a une estimation statique de sa distance vers le nouveau routeur. Le MR diffuse en multipoint le BID_ORDER à l'arbre : il est donc reçu par tous les routeurs dans l'arbre. Plus on a de candidats, plus on aura une solution adéquate mais plus on aura de surcharge du réseau lors de ce choix. Trois méthodes sont proposées pour gérer ce problème :

  – directivité : on empêche les routeurs lointain d'être candidats. Le BID_-ORDER retient la distance minimum actuelle du nouveau routeur par rapport à l'arbre. Un routeur plus éloigné que cette distance n'a pas le droit de devenir candidat.

  – minimum local : alors que le BID_ORDER voyage le long d'une branche, les distances entre le nouveau routeur et les deux précédents routeurs sont incluses dans le messages. Si le routeur actuel i+1 voit que le routeur i était plus près que lui et le routeur i-1, du nouveau routeur, alors il renvoie un message au routeur i qui devient candidat.

  – choix fractionnel : on choisit comme candidats une fraction (1/n), soit de tous les routeurs de l'arbre, soit de tous les routeurs qui répondent aux deux critères évoqués ci-dessus.

La distribution de l'adresse du MR peut se faire par un annuaire de sessions du type SDP [HJ95], ou par diffusion à tout le domaine par Domain Wide Reporting [Fen97a], ou peut être fourni à la demande par les routeurs frontières ou une base de données administrative. Le but principal des MRs est d'invoquer la PRAM. Comme ils n'interviennent pas dans le flux de distribution, un MR peut être remplacé à tout moment. Le protocole peut être utilisé au niveau inter ou intra-domaine. Si le domaine contient déjà des membres actifs du groupe, la recherche pour les candidats routeurs a lieu intra-domaine. Sinon le nouveau routeur contacte un ou plusieurs routeurs de bordure. Ceux-ci cherchent leur meilleur chemin vers le groupe au niveau inter-domaine. Concernant la sélection des MRs, on a en pratique au moins un MR par domaine qui est aussi idéalement un routeur de bordure. C'est pourquoi par défaut on choisit le routeur de bordure désigné designated border router du groupe pour être le MR dans un domaine. Lorsqu'une session est créée, le routeur de bordure le plus proche de l'initiateur de la session devient le routeur désigné. Le routage prenant en compte la direction est crucial. Dans des environnements asymétriques le sens du flux de données est significatif. QoSMIC prend cet aspect en compte. Le protocole créé un arbre partagé mais il peut basculer en un arbre basé sur la source (SBT) si l'application contient beaucoup de sources très actives ou lorsque les exigences en QoS des récepteurs ne sont pas satisfaites.

1.3.1.4   Le protocole LAR

Le protocole LAR [PGMZ95, GPMZ96, PGNA98] est un protocole de diffusion multipoint de type best effort tel que PIM, CBT, ... Sa spécificité réside, entre autres, dans la création d'arbres multipoints réduits dont un exemple apparaît sur la figure 1.5.

Il définit un agent nommé Communication Manager (CM) qui doit :
- gérer les créations de groupes multipoint et leurs noms ;
- gérer les adhésions et les retraits à des groupes de communications multipoints ;
- pouvoir appliquer des règles de sécurité sur les candidats à l'adhésion ;
- choisir la racine de l'arbre multipoint utilisé par la communication ;
- détecter la panne de la racine et choisir une nouvelle racine pour l'arbre

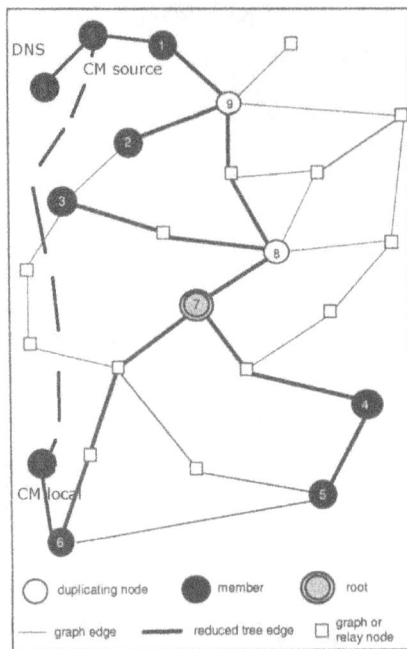

FIGURE 1.5 – Arbre réduit

puis y reconnecter les fils.

Chaque hôte LAR a un Communication Manager. Cette entité gère les communications LAR initiées ou utilisées par cet hôte. Le créateur d'un groupe peut n'autoriser que certains hôtes à joindre le groupe, il peut définir quelles applications peuvent opérer sur cette communication LAR, il peut définir des règles de sécurité pour l'adhésion. Il fournit tous ces renseignements au CM lorsqu'il lui notifie la création d'un groupe multipoint. Les requêtes pour joindre un groupe de communication LAR doivent passer par le CM du créateur du groupe. Si une application veut joindre un groupe de communication, elle demande à son CM local d'effectuer la démarche d'adhésion. Celui-ci doit entrer en contact avec le CM du groupe, puis il doit informer l'application de l'adresse LAR du groupe. Pour joindre une communication LAR, l'adresse LAR du groupe et le nom du CM du groupe sont nécessaires. Si le nom du CM est le même que celui du

28

créateur du groupe alors ce nom est le préfixe du nom du groupe. Le CM d'un hôte LAR mémorise les caractéristiques des communications de chaque groupe multipoint dont il a la charge. A l'initialisation chaque CM local doit avoir les paramètres suivants :

- son adresse logique ;
- son nom logique ;
- les adresses des hôtes LAR pour lesquels il est le CM délégué.

Puis en fonctionnement le CM gère les tâches suivantes :

- pour chaque groupe quelles sont les applications disponibles ;
- les allocations d'adresses LAR de groupes ;
- émet des requêtes au DNS et le met à jour pour les correspondances noms logiques / adresses LAR ;
- reçoit et traite les join-request des candidats à l'adhésion ;
- la création sur demande d'une nouvelle instance de communication (un nouvel arbre multipoint) possédant une nouvelle adresse LAR dérivée de celle du groupe, pour gérer les besoins spécifiques d'une application du groupe. Cette nouvelle instance est présentée via l'arbre de contrôle.

1.3.1.5   Le protocole LCM

Le protocole Link-state Core Management (LCM) [FHM97, HFM98] permet d'effectuer une sélection automatique de la racine (core en anglais) au niveau du réseau. Il s'appuie sur un protocole de diffusion multipoint tel que PIM-SM ou CBT et donc ne créé pas d'arbre multipoint. Il ne définit donc qu'un agent du premier type nommé Core Binding Server (CBS) qui résout les problèmes suivants :

- Sélection automatique de la racine de l'arbre multipoint : effectuer une sélection automatique de la racine au niveau du réseau et non au niveau des hôtes sinon cela implique que l'interface multipoint entre les hôtes et le réseau dépend du type du protocole multipoint employé par le réseau.
- Gestion de la panne d'une racine : assigner une nouvelle racine à un groupe multipoint dont la racine est tombée en panne.
- Migration de la racine : identifier une nouvelle racine dont l'arbre multi-point résultant est plus performant.

Cette solution est applicable aux protocoles de type core based forwarding (CBF) comme CBT et PIM. LCM doit être utilisé au-dessus d'un protocole de routage LSR tel que OSPF ou PNNI afin que la topologie complète du réseau soit connue par tous les routeurs. LCM utilise un serveur central nommé CBS qui maintient les correspondances (bindings) core-groupe pour tous les groupes multipoint actifs dans le réseau. Quand un hôte veut joindre un groupe multipoint, son routeur local envoie une requête CORE-MAPPING au CBS. Si le binding existe, le CBS renvoie l'adresse du core, sinon il choisit une racine pour le groupe et l'ajoute à sa table de bindings avant de renvoyer l'adresse qu'il a choisie. En cas de panne d'un CBS, on utilise un protocole d'élection fiable d'un leader pour sélectionner dynamiquement un routeur afin qu'il devienne CBS. Le protocole LCM peut ainsi survivre à la panne de composants du réseau et même à un partitionnement de celui-ci. L'élection d'un nouveau CBS ne suffit pas, il faut aussi collecter à nouveau la liste des bindings. Pour ce faire, chaque routeur maintient la liste des core bindings qui le désignent lui-même comme la racine. La liste est envoyée par le routeur durant le processus d'élection, ainsi le CBS élu recevra les listes de tous les routeurs et pourra recréer la liste totale des bindings. Seule exception, la liste du CBS qui est tombé en panne est perdue : tous les routeurs doivent effacer les éventuelles entrées qui pointent vers l'ancien CBS et doivent consulter le nouveau CBS pour obtenir une nouvelle correspondance.

La sélection initiale d'un core se fait suivant une heuristique appelée first-member. Quand le CBS reçoit une requête CORE-MAPPING(m), d'un routeur x pour un groupe m, dont il n'a pas Core(m) dans sa liste, il fixe Core(m) à x. Quand le CBS perd la connectivité à un noeud core d'un groupe m (il le sait par les informations du protocole LSR sous-jacent), il choisit aléatoirement un routeur comme nouveau core de m et informe tout le réseau par diffusion fiable de ce nouveau core binding. La méthode de migration du core suppose que le core d'un groupe m maintient une liste des routeurs membres de m. Cette liste peut exister si les messages JOIN-REQUEST et QUIT-REQUEST définis par le protocole CBF sous-jacent sont délivrés au core, en plus du premier routeur sur l'arbre. Périodiquement, le noeud core calcule un arbre des plus courts chemins pour atteindre les membres de m, et trouve le centre de l'arbre résultant. Si le centre n'est pas le core lui-même, le core se désiste de sa fonction en envoyant au CBS un message CHANGE-CORE, qui met à jour la liste des bindings du CBS. Celui-ci émet alors la nouvelle valeur Core(m) à tout le réseau par diffusion fiable. Suite à cela, les routeurs membres du groupe m envoient des messages JOIN-REQUEST au nouveau core pour construire un nouvel arbre multipoint. La méthode de sélection du core qui donne le plus fréquemment les meilleurs résultats (pour la bande passante et le délai), est la sélection d'un noeud le plus proche du centre topologique du groupe. D'où l'importance de la détermination du centre d'un arbre afin de le choisir pour racine. C'est ce qu'essaie de réaliser LCM à l'aide de son mécanisme de migration du core.

A noter que LCM n'est pas supposé être directement implémenté dans de très larges réseaux ou l'Internet car il nécessite l'emploi d'un protocole de routage par état des liens qui ne supporte pas le déploiement à grande échelle. LCM est conçu pour une utilisation à l'intérieur d'un domaine de routage régi par une seule autorité administrative. Il fonctionne directement sur PIM, mais il faut le modifier pour CBT qui n'utilise qu'un core pour tout l'Internet pour un groupe multipoint donné. Il faut alors utiliser un hierarchical core management (non existant actuellement).

Des travaux similaires à LCM ont été réalisés par Zegura *et al.* sur la sélection [CZD95] et la migration [DZ96] de la racine d'un arbre multipoint. Cependant aucun protocole n'en a été dérivé.

1.3.2 Retransmetteurs

Dans une communication multipoint fiable (c'est à dire une communication où le flux de données doit être transmis sans erreurs aux couches OSI supérieures), un *retransmetteur* est une machine qui soulage la source de la retransmission de données lorsqu'un récepteur a manqué ou mal reçu des données. Le retransmetteur mémorise les données les plus récentes afin de pouvoir le cas échéant, les envoyer à des récepteurs ne les ayant pas correctement reçues. De plus, comme le retransmetteur se trouve en général entre le ou les récepteurs et la source, les temps de retransmissions sont beaucoup plus faibles que si la retransmission de données s'était faite par la source car les distances à parcourir sont plus courtes. Dans ces protocoles, il n'y a en général qu'un seul type d'agent qui sont précisément ces *retransmetteurs*. Ceux-ci sont en général organisés hiérarchiquement sous forme d'arbre. Notons qu'il existe des protocoles de diffusion multipoint fiable (e.g., MTP [AFM92] et SRM [FJM+97]) qui n'utilisent pas de hiérarchies de retransmetteurs.

1.3.2.1 Le protocole TMTP

Le protocole **Tree-based Multicast Transport Protocol** [YGS95] est étudié pour effectuer une dissémination : un seul émetteur doit transmettre de manière fiable des données à de multiples récepteurs en un temps raisonnable et en supportant le passage à grande échelle. Pour ce faire, il utilise un protocole IP multipoint sous-jacent pour la livraison et le routage des paquets. Il définit des agents de retransmission appelés **Domain Manager** (DM) pour fiabiliser la communication. Les participants sont organisés dynamiquement en un arbre de contrôle hiérarchique par un système de recherche en anneaux croissants (expanding rings search) :
- chaque partie de cette hiérarchie est un sous-réseau appelé domaine.
- il y a un DM par domaine chargé de récupérer les erreurs pour les membres du groupe dans son domaine.
- tout récepteur peut joindre ou quitter le flot de données à tout moment, les récepteurs et l'émetteur ne sont donc pas coordonnés (si c'est nécessaire, il faut le faire au niveau application).
- l'arbre de contrôle se crée automatiquement et ne nécessite aucun coordinateur centralisé : il est construit au niveau de la couche transport.
- la recherche en anneaux pour joindre l'arbre est la suivante : un nouveau DM diffuse en multipoint un message SEARCH_FOR_PARENT avec un petit TTL. S'il n'obtient pas de réponse, il recommence avec un TTL plus élevé, jusqu'à ce qu'un ou plusieurs DM dans l'arbre (ayant moins de K fils) lui répondent par WILLING_TO_BE_PARENT. Le nouveau DM choisit alors le DM ayant répondu avec le plus grand TTL (il est le plus près).

Une dissémination fiable et à grande échelle est réalisée via cet arbre de contrôle illustré à la figure 1.6, qui répartit le contrôle de flux et d'erreur sur plusieurs

de ses noeuds déchargeant ainsi l'émetteur de tout ce travail :
- il y a au plus K (fixé) domaines (i.e., DM fils) par DM père.
- chaque DM peut fournir une récupération d'erreur pour un autre DM situé dans son voisinage.
- chaque DM maintient un *rayon* multipoint : c'est la distance du fils le plus lointain dans le domaine. Cette valeur est utilisée pour le contrôle d'erreurs.

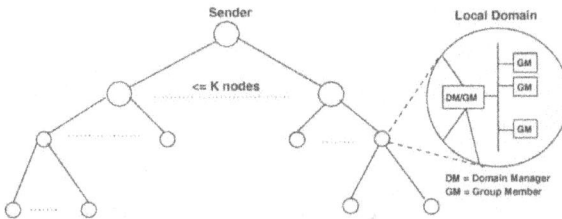

FIGURE 1.6 – Arbre TMTP

La récupération d'erreurs est principalement pilotée par les récepteurs qui utilisent une combinaison de NACK restreints avec suppression (restricted nacks with suppression) et d'ACK positifs périodiques. La structure d'arbre est utilisée pour restreindre la portée des retransmissions à la région où les pertes de paquets ont lieu. Cette récupération est donc distribuée indépendamment et parallèlement dans différentes parties du réseau :
- quand un fils (récepteur ou DM fils) détecte un paquet manquant, le fils diffuse en multipoint un NACK. Son père (le DM ou le DM père) diffuse alors en multipoint le paquet désiré. Ces deux messages sont envoyés avec un TTL restreint afin de réduire leurs rayons de transmission.
- de plus le fils retarde sa requête de réparation d'un temps aléatoire. S'il entend un autre NACK provenant d'un de ses frères pour le même paquet alors il annule sa requête. Cela évite une implosion de NACKs dans le cas où beaucoup de récepteurs n'auraient pas reçu le paquet.

Seul le DM peut retransmettre, alors qu'il se pourrait qu'un récepteur ait bien reçu un paquet que le DM n'a pas. Le mécanisme de recherche d'un DM dans l'arbre par un nouveau DM utilise la recherche par expanding rings, qui est un

33

procédé qui peut inonder le réseau.

1.3.2.2 Le protocole LBRM

Le but du protocole Log-Based Receiver-Reliable Multicast [HSC95] est de fiabiliser les communications multipoint et de récupérer les erreurs en un laps de temps très court (contraintes temps-réel). La fiabilité est garantie par un agent nommé Logging Server (LS) qui enregistre tous les paquets transmis par la source. Quand un récepteur détecte un paquet perdu, il demande ce paquet au LS. La source stocke uniquement les paquets non encore acquittés par le LS. Un temporisateur périodique (heartbeat) variable permet au récepteur de borner le temps de détection d'un paquet perdu avec une surcharge limitée. Le protocole est fiable au niveau récepteur : un récepteur n'est pas obligé de récupérer les paquets qu'il n'a pas reçus, et la source ne vérifie pas que tous les récepteurs ont reçu toutes les données. Le temps de conservation des paquets par le LS dépend de l'application. L'architecture de LBRM est illustrée sur la figure 1.7. On peut utiliser plusieurs LS secondaires, un pour chaque site, et un

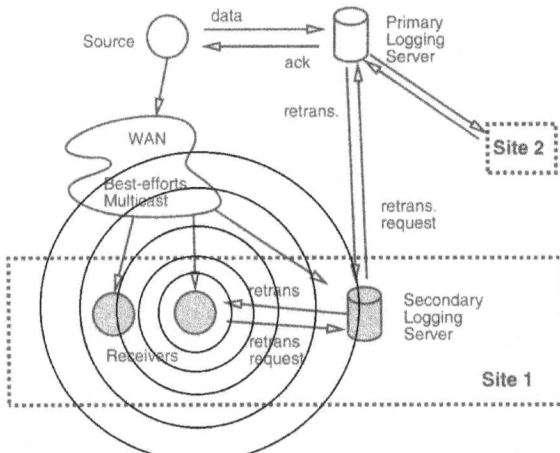

FIGURE 1.7 – Architecture de LBRM

LS primaire. Tous les LS enregistrent les paquets de la source, mais les récepteurs demandent leurs retransmissions au LS appartenant à leur site. Si le LS secondaire tombe en panne, les récepteurs s'adressent au LS primaire (ou au LS de niveau supérieur). La différence entre la gestion des retransmissions par le modèle centralisé comprenant un LS et par le modèle distribué comprenant des LS secondaires est illustrée sur la figure 1.8. La technique pour découvrir les LS

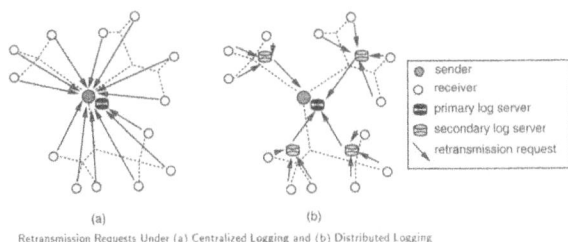

Retransmission Requests Under (a) Centralized Logging and (b) Distributed Logging

FIGURE 1.8 – Différentes méthodes de gestion des retransmissions

secondaires est la suivante : chaque récepteur utilise une série de requêtes multipoint avec portée (scoped) de découverte. S'il ne trouve pas de LS secondaire, il peut lui-même démarrer un processus de LS secondaire. Alternativement, chaque hôte peut être configuré avec les adresses des LS du site (comme on le fait pour les serveurs de noms et de temps). Un LS secondaire peut décider de diffuser en multipoint un paquet si un grand nombre de récepteurs de son site n'ont pas reçu le paquet et si lui-même l'a reçu. Il peut fixer le champ TTL de manière à limiter la portée de la retransmission au niveau local. Pour fiabiliser le LS primaire, on le réplique sur plusieurs machines. La source ne peut pas libérer ses paquets stockés en mémoire tant qu'ils n'ont pas été validés par le LS primaire et au moins une réplique du LS primaire. Si le LS primaire tombe en panne, la source localise la réplique du LS primaire qui est le plus à jour (grâce au replicated logger sequence number) et lui transmet les paquets qu'elle a dans sa mémoire tampon. Les récepteurs et les LS secondaires doivent contacter la source pour obtenir l'identité du nouveau LS primaire. LBRM n'est pas exempt de défauts. En particulier :

- Tous les récepteurs doivent démarrer en même temps car la source numérote les paquets depuis le début de l'application.
- Le LS primaire et la majorité des LS secondaires sont placés manuellement au départ (bien qu'un récepteur puisse devenir LS secondaire au cours du

35

déroulement de l'application).

– Les récepteurs découvrent les LS par un mécanisme de requêtes envoyées
en *expanding rings* qui est coûteux en bande passante, ou par une pré-
configuration initiale (mécanisme *out-of-band* peu souple).

1.3.2.3 Le protocole RMTP

L'objectif du protocole Reliable Multicast Transport Protocol [PSLB97] est
de fiabiliser les communications multipoint et d'éviter l'implosion des ACK. Il
définit des agents retransmetteurs appelés Designated Receiver (DR). Il crée une
structure hiérarchique illustrée sur la figure 1.9, dans laquelle les récepteurs sont
groupés dans des régions locales ou domaines contenant chacun un récepteur
désigné (DR) qui est chargé :

– d'envoyer périodiquement des ACK à l'émetteur.
– de traiter les ACK des récepteurs de son domaine.
– de retransmettre les paquets perdus aux récepteurs correspondants.

Grâce au DR, un seul ACK est généré par région locale ce qui évite le problème
d'implosion des ACK. La source ne connaît pas l'identité exacte des récepteurs.

RMTP utilise le principe d'envois périodiques d'ACK des récepteurs au
DR afin d'éviter des procédures complexes de récupération d'erreurs, mais cela
uniquement pendant une transmission. De plus pour éviter que les récepteurs
envoient des ACK trop fréquemment ce qui entraînerait des retransmissions
redondantes, chaque récepteur doit mesurer le Round Trip Time (RTT) vers
son ACK Processor (AP) dynamiquement (un AP pour un récepteur est le DR
(ou émetteur) vers lequel le récepteur envoie ses ACK et dépend en cas de
retransmission de paquets perdus). RMTP attend comme seul service du protocole multipoint sous-jacent, la création d'un arbre multipoint. DVMRP, PIM
ou CBT peuvent être utilisés pour remplir cette fonction. Dans un réseau IP
les récepteurs sont groupés en régions locales en utilisant le champ TTL des
paquets IP. RMTP suppose qu'il existe des informations sur la position ap-
proximative des récepteurs, et que, en fonction de celles-ci, des récepteurs ou
des serveurs soient choisis comme DR. Bien que des machines spécifiques soient
choisies comme DR, le choix d'un AP pour une région locale donnée est réalisé

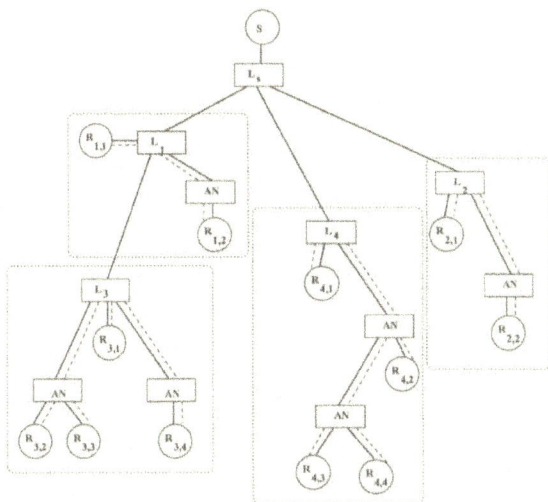

FIGURE 1.9 – Arbre multipoint global de RMTP

dynamiquement. Pour cela chaque DR et l'émetteur envoient périodiquement, suivant l'arbre multipoint, un message SEND_ACK_TOME à chaque récepteur, dans lequel le champ TTL est positionné à une valeur prédéterminée. Le récepteur, qui reçoit les messages de tous les DR étant sur son chemin vers la source, choisit comme AP celui qui a le TTL le plus grand (c'est celui qui est le plus proche du récepteur). De plus, si un DR tombe en panne, les récepteurs se rallieront automatiquement au DR suivant dans la hiérarchie. De plus chaque DR ignore ses propres messages SEND_ACK_TOME. En effet un DR est aussi un récepteur, il lui faut aussi un DR. Il choisit comme DR celui situé un cran plus proche de la source dans l'arbre multipoint, par le même mécanisme que celui utilisé par les récepteurs ordinaires (non DR). On obtient donc une hiérarchie multi-niveaux de DR qui est illustrée sur la figure 1.10. On peut émettre les critiques suivantes à l'encontre des agents de RMTP :

– Les DR sont choisis statiquement.
– Les récepteurs choisissent leurs AP en fonction du champ TTL, il y a le

37

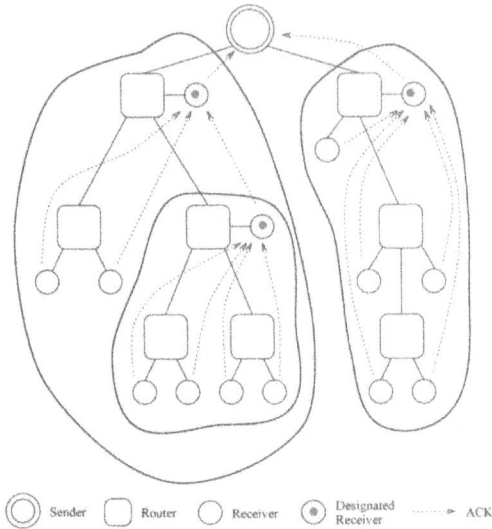

FIGURE 1.10 – Hiérarchie multi-niveaux de RMTP

risque qu'un grand nombre de récepteurs se rallient au même DR, ce qui nuit à l'équilibrage de charge.

1.3.2.4 Le protocole LGMP

Le but du protocole Local Group Multicast Protocol [Hof97, HR97] est de gérer les acquittements et de réduire les coûts de retransmission dans une communication multipoint fiable. Il utilise des agents nommés Group Controller (GC). LGMP doit placer les GC, gérer les annonces des GC et gérer la sélection des GC. LGMP distribue la charge de gestion des acquittements et des récupérations d'erreurs parmi tous les membres d'un groupe multipoint global. Pour cela, LGMP divise les groupes globaux en groupes dits groupes locaux. Dans chaque sous- groupe, un GC est responsable du traitement des informations d'état des récepteurs qui lui sont assignés. Un GC évalue les messages de contrôle de tous les membres de son sous-groupe et les fait suivre à l'émetteur multipoint ou à un GC de plus haut niveau dans un unique paquet de contrôle composite. Cela concerne aussi bien les rapports d'erreurs que les messages de contrôle du flot de données. LGMP récupère les paquets endommagés dans le groupe local d'abord. Un GC demande les paquets de données manquants à l'émetteur ou à un GC de plus haut niveau seulement si aucun membre de son sous-groupe n'a reçu le paquet de donnée manquant correctement.

Pour effectuer les retransmissions locales, un GC doit être capable d'adresser tous ses récepteurs alloués (assignés). C'est pourquoi LGMP assigne une adresse multipoint différente pour chaque groupe local. En utilisant une adresse spécifique on s'assure que les retransmissions et les messages de contrôle d'un groupe local ne seront envoyées à aucun autre récepteur. LGMP définit deux modes différents de retransmissions locales : c'est à l'application de choisir le mode approprié correspondant à ses besoins spécifiques. Il est possible pour différents GC d'opérer dans différents modes. Les 2 modes sont :

- load sensitive mode : la décision de retransmettre en multipoint ou en point-à-point est prise dynamiquement selon l'état du groupe. Si le nombre de requêtes de réparation pour un certain paquet de données excède un seuil prédéfini, un GC diffusera le paquet par multipoint, sinon il émettra le paquet de données directement aux récepteurs demandeurs en point-à-point. Les retransmissions effectuées par les récepteurs normaux sont toujours diffusés en multipoint au groupe local. Si un GC reçoit un paquet corrompu, il note le numéro de séquence du paquet endommagé pour qu'il soit acquitté négativement. S'il reçoit un ACK positif pour ce paquet avant l'expiration de TACK, il va envoyer en point-à-point une requête de réparation au récepteur qui a confirmé positivement, en premier, le paquet de données manqué par le GC. Il enlèvera alors la marque NACK qu'il avait notée a priori. Le récepteur concerné va alors envoyer en multipoint le paquet manquant en réponse au GC.
- delay sensitive mode : à réception d'un NACK, un CG émet immédiatement en multipoint les paquets de données demandés au groupe local. Si le GC lui-même n'a pas reçu un paquet de données, il émet immédiatement en multipoint une requête de réparation à tous les membres de son

sous-groupe. Chaque récepteur possédant une copie du paquet de données demandé retarde la retransmission pour éviter des collisions. A la fin de chaque intervalle TACK, un GC acquitte négativement tous les paquets de données qu'il n'a pas encore reçus.

LGMP sépare le signal de congestion de l'algorithme de contrôle de congestion. Il fournit des mécanismes de détection de congestion de réseau basé sur les rapports d'état de chaque récepteur, ainsi que des mécanismes permettant la création et l'annonce dynamique de groupes IP additionnels, chacun ayant une vitesse de transmission différente. C'est aux récepteurs de s'organiser eux-mêmes en groupes locaux. Chaque récepteur doit décider s'il existe un GC approprié auprès duquel s'attacher. Si c'est utile, un récepteur peut définir un nouveau groupe local et s'autoproclamer comme GC.

L'annonce d'un GC est réalisée par des messages d'annonce utilisant une méthode de diffusion appelée expanded ring advertisement. Chaque GC envoie périodiquement des paquets de type LG_ADVERTISE. Ces messages sont adressés à une adresse séparée multipoint d'un groupe spécifique. Leur portée est restreinte par le positionnement du champ TTL à une valeur paramétrable ttl_send. Les GC envoient leurs messages d'annonce avec des valeurs TTL variant dynamiquement. Ces valeurs sont données sur la figure 1.11.

Interval No.	1	2	3	4	5	6	7	8	9	10	11	12	13	14	15	16	17	18	19
TTL	15	31	15	63	15	31	15	127	15	31	15	63	15	31	15	254	15	31	15

FIGURE 1.11 – Valeurs du TTL utilisées pour envoyer les messages d'annonce

Ce procédé réduit la charge du réseau tout en autorisant de brefs temps de réaction lors de changements dans la portée locale d'un récepteur. Les participants à une communication écoutent à l'adresse multipoint d'un groupe spécifique (gérée par le protocole DCP) et utilisent les messages d'annonce pour identifier des GC existants. Ces messages contiennent des informations permettant aux récepteurs de choisir le GC le plus approprié. La sélection et le placement des GC sont réalisés ainsi : une fois que le service utilisateur a envoyé une requête d'écoute, un récepteur initialise un bloc de contrôle d'association (BCA). Chacun de ces blocs contient une entrée nommée redirect, qui est indéfinie au départ. Cette entrée va identifier le contrôleur auprès duquel les récepteurs devront envoyer leurs rapports d'état. Tant que la valeur de redirect est indéfinie, le récepteur va adresser tous les rapports d'état à la source de données (l'émetteur). Avec la création d' un BCA, le récepteur active un timer d'initialisation nommé INIT-TIMER, et passe de l'état inactif à l'état pending. Après expiration du timer INIT-TIMER, un récepteur évalue l'information stockée en mémoire, sélectionne l'un des GC découverts, positionne l'entrée redirect du BCA à l'adresse du GC choisi et passe à l'état actif. Si aucun GC approprié aux critères de l'application n'a pu être trouvé, le récepteur souhaitant se connecter, a deux possibilités. D'une part il peut s'attacher au groupe local constitué par l'émetteur multipoint, d'autre part, il peut créer un nouveau groupe local et se déclarer lui-même GC. Initialement, c'est le fondateur d'un groupe local qui devient GC.

Les groupes locaux se reconfigurent dynamiquement si nécessaire : les récepteurs utilisent l'information contenue dans les messages LG_ADVERTISE pour maintenir une table des GC joignables. Chaque entrée de cette table est valide pendant un intervalle de temps prédéfini TVAL. Quand le timer expire et qu'aucun message d'annonce supplémentaire d'un GC donné n'est reçu durant le dernier intervalle de temps, les récepteurs effaceront l'entrée correspondante dans la table. Les récepteurs évaluent périodiquement l'efficacité de leur GC(i) actuel. Si l'efficacité r(j) d'un autre GC(j) est supérieure à r(i) alors redirect est fixée à l'adresse de GC(j). De plus un récepteur R(i) calcule périodiquement sa propre efficacité r(i). Si r(i) est très supérieure à celle de son GC actuel, le récepteur créera un nouveau groupe local en se proclamant lui-même GC. Il commencera à envoyer des messages LG_ADVERTISE pour annoncer son existence et son état actuel.

L'architecture du couple LGMP/DCP dans un membre de la diffusion multipoint fiable est illustrée sur la figure 1.12. LGMP prend en charge la diffusion multipoint fiable tandis que DCP prend en charge la sélection d'un GC.

La tolérance de pannes est inhérente aux mécanismes définis par DCP. Si un GC tombe en panne, plus aucun message d'annonce est envoyé et à l'expiration de TVAL, les récepteurs effacent l'entrée correspondante dans leur table et choisissent un autre GC. Si un récepteur ne parvient pas à en sélectionner un

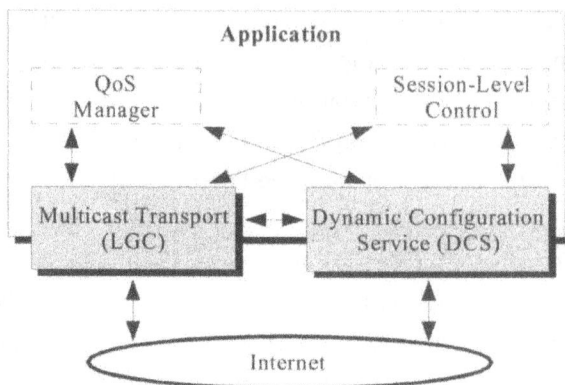

FIGURE 1.12 – Architecture de LGMP/DCP

et ne veut pas devenir GC alors son entrée redirect sera indéfinie et il enverra ses rapports d'état à l'émetteur.

LGMP ne définit pas un algorithme exact pour grouper les récepteurs en groupes locaux, mais présente quelques conseils pour le faire :

- Les groupes locaux de petite taille doivent être évités dans les hiérarchies plates
- De multiples groupes locaux doivent être organisés en une hiérarchie multi-niveaux
- Les mauvais récepteurs doivent être équitablement distribués parmi tous les groupes locaux

Les résultats font ressortir l'importance du taux de perte de paquets dans la création de structures virtuelles de groupes. Plutôt que d'utiliser uniquement une métrique hop count, il serait souhaitable de prendre en compte le taux de perte de paquets pour l'organisation des récepteurs en groupes locaux.

Chapitre 2

Techniques de recherche d'agent

Nous avons vu au chapitre précédent un certain nombre d'exemples d'agents ainsi que la description de leurs fonctions. Dans ce chapitre nous étudions quelles sont les principales techniques utilisées pour trouver de tels agents.

2.1 Définition d'une recherche d'agent

Définition 2 *On appelle recherche ou détection ou localisation d'agent, un processus, exécuté par un protocole ou une application, visant à trouver un agent dans le réseau.*

Les techniques de recherche se divisent en deux grandes catégories :
- les techniques statiques qui sont basées en général sur un système d'annuaire;
- les techniques dynamiques qui sont basées sur une diffusion multipoint au niveau de la couche réseau.

Notons que pour trouver les annuaires (i.e., des systèmes qui fournissent des informations de configuration utiles à d'autres services) dans les techniques statiques il faut parfois utiliser des mécanismes de diffusion multipoint. Il y a donc recouvrement entre les deux familles de techniques.

2.2 Les techniques statiques

2.2.1 Le protocole DHCP

Le Dynamic Host Configuration Protocol (DHCP) [Dro97] fournit des paramètres de configuration à des noeuds IP [Pos81a]. En particulier, DHCP possède
un mécanisme d'allocation dynamique d'adresse IP. DHCP est donc un service
de configuration pour hôtes IP. Un client qui souhaite obtenir des paramètres
d'un serveur DHCP diffuse un message DHCPDISCOVER par broadcast IP
sur son sous-réseau physique local. Des agents relais BOOTP [CG85, Dro93]
peuvent transmettre le message vers des serveurs DHCP situés sur un sous-
réseau physique différent. Le client reçoit alors des messages DHCPOFFER des
serveurs DHCP ayant répondu. Il diffuse alors un message DHCPREQUEST
toujours par broadcast IP pour sélectionner le serveur de son choix et simultané-
ment décliner les offres des autres serveurs. Une nouvelle option DHCP [Pat01]
a été créée pour permettre d'utiliser DHCP sur un LAN situé derrière une ligne
publique à communication de circuits à haut débit (e.g., ISDN, ATM, ADSL,
...). Notons que le Neighbor Discovery Protocol [NNS98] reprend une partie
des fonctionnalités de DHCP dans les noeuds IPv6 [DH98].

2.2.2 Le protocole DNS

Le Domain Name System (DNS) est défini dans les RFCs 1034 et 1035 [Moc87].
Le but des noms de domaine est de fournir un mécanisme pour nommer les ressources de telle sorte que les noms soient utilisables par différents hôtes, réseaux,
familles de protocoles et organisations administratives. Du point de vue utilisateur, les noms de domaine sont utilisés par un agent local appelé resolver qui
récupère l'information associée au nom de domaine (e.g., cela peut être une
adresse IP, une information administrative, ...). Du point de vue du resolver, la
base de données qui contient l'espace de noms de domaine est distribuée parmi
des serveurs de noms. Le resolver connaît au départ au moins un serveur de
noms. Lorsqu'un resolver reçoit une requête utilisateur, il demande l'information à un serveur de noms. Ce dernier lui fournit l'information si il la connaît
ou redirige le resolver vers un autre serveur de noms. Cela permet au resolver de

découvrir l'identité et le contenu d'autres serveurs de noms.

Bien que le DNS soit utilisé la plupart du temps pour obtenir l'adresse IP à partir d'un nom de machine, il peut aussi servir à localiser des services. En effet le DNS définit un type de Resource Record (RR) appelé Well Known Service (WKS). L'enregistrement WKS est utilisé pour décrire les services usuels supportés par un protocole particulier sur une adresse IP particulière. L'entrée possède un champ ADDRESS (adresse IP), un champ PROTOCOL (de longueur 8 bits) qui spécifie un numéro de protocole IP et un champ BIT MAP (de longueur variable multiple de 8 bits) qui contient 1 bit par port du protocole spécifié dans le champ PROTOCOL. Le premier bit de BIT MAP correspond au port 0, le second au port 1, etc. Si l'un des bits du BIT MAP est à 1 alors le port correspondant est actif sur cette machine (e.g., si PROTOCOL=TCP(6) et si le 26ème bit de BIT MAP (représentant le port 25) est à 1 alors un serveur SMTP est à l'écoute à l'adresse IP spécifiée dans ADDRESS). L'objectif des enregistrements WKS est de fournir des informations de disponibilité sur les services s'exécutant sur TCP ou UDP. Si un serveur supporte TCP et UDP ou possède plusieurs adresses IP alors plusieurs RR WKS sont utilisés.

Récemment un nouveau type de RR a été défini dans la RFC 2782 [GVE00]. Il s'agit du RR SRV qui permet de spécifier la localisation d'un ou plusieurs serveur(s) pour un protocole et un domaine spécifiques. Le RR SRV permet aux administrateurs de définir plusieurs serveurs pour un domaine unique, de déplacer des services vers d'autres machines hôtes sans heurts et de désigner certains hôtes comme étant des serveurs primaires pour un service et d'autres comme étant des serveurs de redondance pour ce même service. Les clients demandent un service/protocole spécifique pour un domaine spécifique (au sens strict du RFC 1034) et ils reçoivent les noms des serveurs disponibles. Le format d'un SRV est le suivant :

```
Général : _Service._Proto.Nom <arguments>
Exemple : _ldap._tcp.toto.edu
```

Devant le nom de domaine (e.g., toto.edu) est ajouté le nom du protocole au-dessus duquel s'exécute le service (e.g., typiquement _tcp ou _udp) ainsi que le nom du service recherché (e.g., ici LDAP). L'underscore devant le nom du protocole et du service sert à éviter les conflits avec d'autres noms stockés dans le DNS.

2.2.3   Le protocole SLP

Le Service Location Protocol (SLP) [VGPK97] fournit une architecture déployable à grande échelle pour la découverte et la sélection de services réseaux. Par le biais de ce protocole, les ordinateurs ont besoin de moins de configuration statique de services réseaux pour leurs applications réseaux. D'habitude, les utilisateurs trouvent les services en utilisant le nom d'une machine réseau qui est un alias pour une adresse réseau. Avec SLP, l'utilisateur nomme le service et fournit un jeu de valeurs qui décrit le service. Ainsi, il n'est plus obligé de connaître le nom de la machine sur lequel s'exécute le service souhaité. SLP fournit un mécanisme de configuration dynamique pour des applications utilisées dans le contexte d'un réseau local (LAN). Ce n'est pas un système de résolution global destiné à être déployé dans l'Internet tout entier. Il est plutôt conçu pour fournir des services partagé au sein de réseaux d"entreprises. L'information sur le service recherché est représentée en format textuel. Plus exactement, la localisation de services réseaux est codée sous forme d'Universal Resource Locator (URL).

Dans des petits réseaux, chaque service est configuré pour répondre individuellement à chaque client. Le client peut le trouver en diffusant une requête à l'adresse multipoint spécifique du service. Dans les réseaux plus grands, les services s'enregistrent auprès d'un ou plusieurs Directory Agents (DA) et les clients doivent contacter un DA pour résoudre une requête de recherche de service. Ils peuvent toutefois utiliser une requête multipoint comme précédemment. Les clients peuvent découvrir un DA par configuration manuelle, par DHCP [Dro97] (en utilisant les options 78 et 79) ou dynamiquement par émission d'une requête à l'adresse multipoint de découverte de DAs (224.0.1.35). Enfin un client peut découvrir un DA passivement par réception d'un DA advertisement émis à l'adresse multipoint générale de SLP (224.0.1.22) lorsqu'un DA démarre.

SLP est conçu pour être utilisé en conjonction avec DHCP ou avec le multipoint IP mais pas avec la diffusion IP (voir la section 2.3.1). Les requêtes multipoint doivent être diffusées sur tous les sous-réseaux d'un site et le rayon multipoint par défaut vaut 32. Il est configurable.

2.3 Les techniques dynamiques

2.3.1 La diffusion et le multipoint IP

La diffusion et le multipoint IP jouent un rôle important dans la recherche de services. En effet ils sont utiles lorsqu'un hôte a besoin de trouver un service sans connaître exactement quels autres hôtes peuvent lui fournir ce service.

La diffusion IP ou IP broadcasting est définie dans la RFC 919 [Mog84a]. Elle suppose que la couche liaison du réseau local fournit une diffusion efficace (e.g., Ethernet, Token ring, ...). Comme IP, elle est non fiable. La diffusion peut s'effectuer dans le cadre d'un réseau local (local broadcast) avec l'adresse 255.255.255.255 ou dans un réseau distant (directed broadcast) avec une adresse du type X.(255.)(255.)255 (où X est la partie réseau de l'adresse IP). Cependant un routeur peut décider pour des raisons de performances ou de sécurité de ne pas acheminer des paquets de diffusion. Donc la diffusion IP à une portée très limitée. La diffusion IP dans les sous-réseaux IP [MP85], définie dans la RFC 922 [Mog84b], utilise l'algorithme du Reverse Path Forwarding (RPF) [DM78] pour diffuser les paquets à tous les sous-réseaux d'un réseau en minimisant la redondance et le stockage d'états dans les routeurs. Le RPF, qui peut se traduire par Transmission par Chemin Inverse, consiste à diffuser le paquet reçu par le routeur à tous ses liens (sauf celui de réception) à condition que le paquet ait été reçu par un lien faisant partie du meilleur (plus court) chemin du routeur vers la source du paquet. Sinon le paquet est détruit.

Concernant le multipoint IP, celui-ci se compose de plusieurs éléments. Tout d'abord le multipoint IP définit un espace d'adressage particulier pour les groupes multipoints [Dee89]. Il s'agit de la classe D qui s'étend de 224.0.0.0 à 239.255.255.255. L'adresse particulière 224.0.0.1 est attribuée au groupe permanent de tous les hôtes IP y comprit les routeurs. L'enregistrement d'un hôte IP à un groupe multipoint s'effectue chez son routeur multipoint le plus proche grâce au protocole IGMP [Dee89, Fen97b]. Ensuite le multipoint IP nécessite un protocole de routage. Il en existe un certain nombre détaillés dans le tableau 2.1. Certains utilisent l'algorithme Reverse Path Multicasting (RPM) [Dee91] qui est une variante du RPF. Les données sont diffusées par RPF mais si un noeud feuille n'a pas de membres, son lien vers la source est élagué et ainsi de suite. Périodiquement, on inonde à nouveau ces liaisons au cas où il y ait un nouveau membre. Tous ces protocoles servent à créer des arbres de diffusion de données dont les branches sont des liens entre routeurs. Seule la partie multipoint IP restreinte à un LAN peut être adaptée à la recherche de services. Les arbres de diffusion ne sont pas adaptés à la recherche de services.

TABLE 2.1 – Protocoles de routage multipoint

Nom	Routage point à point	Mode	Algorithme	Réf.
DVMRP	inclus	inondation, élagage	RPM	[WPD88]
MOSPF	OSPF	calcul	Dijkstra	[Moy94]
CBT	indépendant	adhésion	RPF	[Bal97a, Bal97b]
PIM-DM	indépendant	inondation, élagage	RPM	[DEF+97]
PIM-SM	indépendant	adhésion, migration	RPF	[EFH+98]

Source : Thèse de D. Grad, 1997

2.3.2 L'anycasting

L'Host Anycasting Service [PMM93] (ou simplement anycasting) a pour but de faciliter la découverte et d'optimiser l'utilisation d'un service. Le client envoie un message à une adresse anycast correspondant à un certain service. Le système de routage est censé transmettre le paquet à un (de préférence) ou plusieurs noeuds le(s) plus proche(s) (selon sa métrique) capable(s) de fournir le service demandé. L'objectif est de faciliter la tâche de découverte d'un serveur approprié. Ainsi, les clients n'ont plus besoin de connaître l'adresse spécifique du serveur désiré.

L'anycasting et le multicasting ont des différences importantes. L'anycast va essayer de livrer le paquet à une seule machine contrairement au multicast. Les applications émettant vers des adresses anycast n'ont pas besoin de gérer le TTL de leurs paquets IP. Une connexion TCP à une adresse anycast a un sens alors que TCP n'est pas conçu pour supporter le multicast. L'anycast est une utilisation spéciale de l'adressage unicast alors que le multicast requiert des mécanismes sophistiqués de routage. Des routes multiples vers une adresse anycast sont pour un routeur équivalents à des routes multiples vers une destination unicast. La localisation de ressources avec le multicast consomme plus de bande passante (e.g., envoi de paquets en multipoint par anneaux croissants).

Une connexion TCP doit employer des mécanismes additionnels pour s'assurer que les futurs paquets seront envoyés à la même machine. En effet, comment maintenir une connexion si deux segments TCP consécutifs peuvent être livrés à deux machines différentes ? Une solution consiste à apprendre l'adresse unicast du serveur lors du premier échange de segments TCP puis utiliser celle-ci dans la suite de la conversation.

L'attribution des adresses anycast pose des problèmes. L'utilisation de l'espace d'adressage IP existant simplifie le routage (i.e., pas de routes supplémentaires) mais les protocoles à états doivent être capables de détecter une adresse anycast et de plus le support d'adresses anycast populaires réparties sur tout l'Internet est plus difficile à gérer. L'utilisation d'une classe d'adresses séparée inverse les arguments précédents. Le protocole IPv6 [DH98] a tenté de résoudre le problème des adresses anycast. Elles sont toujours partie intégrante des adresses unicast mais chaque groupe anycast est confiné dans une région topologique particulière avec laquelle il partage un préfixe d'adresse. A l'intérieur de la région identifiée par un préfixe partagé, chaque membre du groupe anycast est annoncé (advertised) comme une entrée séparée dans le système de routage unipoint. A l'extérieur de cette région, l'adresse anycast peut être agrégée dans une annonce de routage pour le préfixe partagé. En confinant chaque groupe anycast dans une région prédéterminée, IPv6 réduit le problème du passage à grande échelle mais ne le résout pas. Les groupes globaux anycast doivent toujours être annoncés comme des entrées séparées dans les tables de routage à travers l'Internet tout entier. Le format des adresse anycast réservées dans IPv6 [JD99] est le suivant : dans chaque sous-réseau les 128 plus hautes valeurs d'identificateurs d'interface sont réservées à l'attribution d'adresses sous-réseau anycast.

– Pour les adresses au format EUI-64 :

64 bits	57 bits	7 bits
préfixe de sous-réseau	1111110111...111	anycast ID

– Pour les autres adresses :

n bits	121-n bits	7 bits
préfixe de sous-réseau	1111111...111111	anycast ID

La transmission et la réception dépendent du type de lien. Sur un média partagé, deux possibilités sont envisageables : l'utilisation d'ARP pour l'adresse anycast ou la transmission des paquets anycast à une adresse multipoint de niveau liaison. Sur un lien point à point une copie du paquet anycast est envoyée sur le lien en direction de la destination anycast.

L'utilisation des mécanismes anycast se retrouve aussi dans les protocoles multipoints et en particulier pour PIM-SM. En effet, l'anycast est envisagé dans PIM-SM pour trouver les Rendez-vous Points (RP) [KKFM99] et, dans le cadre du routage multipoint inter-domaine, pour connecter plusieurs domaines PIM-SM ensemble [FWM98]. Le RFC 1546 [PMM93] ne définit pas d'implémentation pour l'anycast, c'est pourquoi plusieurs mécanismes d'anycast ont été proposés. Nous détaillons ici trois propositions.

2.3.2.1 Application-Layer Anycasting

L'Application-Layer Anycasting [BAZ+97] a pour objectif de placer l'anycast au niveau applicatif. Un (Anycast Domain Name (ADN) identifie de manière unique un service réseau. Il est associé à une collection dynamique d'adresses IP qui constituent un groupe anycast. Des resolvers appliquent des filtres métriques et politiques pour la sélection d'une adresse IP du groupe. Ils peuvent être intégrés dans un DNS. Cette solution ne nécessite pas de modification à la couche réseau.

2.3.2.2 Anycast IP et localisation de services

L'utilisation de l'anycast IP pour fournir des services réseaux améliorés a été proposée par Basturk *et al.* [BEH+98]. Leur étude du service Web en particulier démontre comment l'anycast peut améliorer la localisation d'un service ainsi que la distribution de charge.

Une technique fréquemment utilisée pour localiser des serveurs et distribuer la charge consiste à utiliser des DNS améliorés. Un DNS peut donner à un même nom de service différentes adresses IP pour distribuer la charge. Les round-robin DNS et l'application layer anycasting en sont des exemples. Le problème avec ces techniques est que les serveurs de noms intermédiaires gardent en cache la correspondance entre le nom et l'adresse IP. Si elles sont cachées longtemps un équilibrage fin devient difficile. Si elles expirent rapidement, la charge sur le DNS et le réseau augmente significativement. Le DNS devient alors un possible goulot d'étranglement. De plus ces techniques ne localisent pas le serveur le plus proche du client demandeur. Enfin ces techniques ne prennent pas en compte l'évolution dynamique de la charge du serveur et du réseau dans leurs décisions. Cette dynamicité peut être prise en compte par l'utilisation du service HOPS [FJP+99]. Cependant une consultation du serveur HOPS est nécessaire à chaque fois qu'une connexion est initiée et cela rajoute un round trip time supplémentaire vers le serveur HOPS à la durée d'établissement de la connexion. Comme les connections Web sont très courtes en général, ce surcoût peut devenir très pénalisant.

Pour remplacer ces techniques, l'idéal consiste à utiliser l'anycast au niveau de la couche réseau (i.e., IP anycast). Lorsqu'un client envoie une requête vers une adresse anycast, celle-ci est dirigée vers le serveur le plus proche et aucune consultation de serveur DNS ou HOPS n'est nécessaire. Cependant le maintien des connections à état pose problème. La difficulté vient du fait que le réseau n'est pas obligé d'envoyer deux paquets successifs destinés à la même adresse anycast vers la même machine. La solution consiste à utiliser l'option Source Route d'un paquet IP pour maintenir l'association entre une adresse anycast et l'adresse unicast du serveur pendant la durée de la connexion. Les avantages sont les suivants :

- L'option existe déjà dans IPv4 et v6.
- La modification du traitement effectué par le protocole est mineure.
- Seul le destinataire d'une connexion TCP est concerné par cette modification (concerne les serveurs du réseau).

51

– Pas de modification dans les routeurs et les protocoles de routage.

2.3.2.3 Global IP Anycast

Le protocole Global IP Anycast (GIA) de Katabi *et al.* [KW99, KW00] se propose de résoudre les multiples problèmes posés par l'implémentation de l'anycast. Dans GIA, les adresses anycast sont séparées des adresses unicast. La syntaxe d'une adresse IP anycast est la suivante :

indicateur anycast	préfixe unicast du domaine maison/mère	ID du groupe

indicateur anycast proposé : 11110

Pour joindre un groupe anycast il suffit d'envoyer une demande à son routeur désigné. Cela nécessite l'ajout d'un message dans IGMP [Dee89, Fen97b] ou NDP [NNS98]. Le routage dans GIA dépend du type de groupe auquel appartient l'adresse anycast demandée. Trois types de groupe sont définis. Dans un groupe anycast interne :

– Il y a au moins un membre de ce groupe dans le domaine.
– Chaque membre est une entrée dans la table de routage.
– Chaque routeur connaît le membre anycast le plus proche.

Dans un groupe anycast externe impopulaire :

– Il n'y a pas de membre dans le domaine.
– Les demandes sont routées comme de l'unicast en masquant l'indicateur anycast de l'adresse IP.

Dans un groupe anycast externe populaire :

– Il n'y a pas de membre dans le domaine.
– Les clients du domaine accèdent ce groupe régulièrement.
– La gestion des routes vers les groupes anycast populaires est effectuée par les routeurs de bordure et est implémentée comme une partie intégrante de BGP.

En ce qui concerne le routage des groupes populaires, les routeurs de bordure mesurent la popularité de chaque groupe. Chaque routeur de bordure mémorise le nombre de fois qu'un paquet est propagé le long d'une route par défaut. A chaque intervalle de recherche le routeur vérifie sa liste et décide des adresses les plus populaires à rechercher. Pour apprendre une route `anycast`, on utilise les connexions TCP entre routeurs de bordure voisins. On définit deux nouveaux types de messages BGP (`search/reply`). A l'inverse, l'invalidation d'une route apprise s'effectue :

- lorsque le domaine d'origine perd la connectivité au domaine de destination ;
- lorsque le membre `anycast` le plus proche tombe en panne ou quitte le groupe ;
- lorsque le groupe/la route n'est plus populaire.

2.3.3 La recherche par anneaux croissants

Comme nous avons pu le voir dans les mécanismes de recherche des agents de la section 1.3, la recherche par anneaux croissants (Expanding Rings Search (ERS)) est un procédé très utilisé dans les protocoles actuels. Il a été proposé originellement par Deering en 1990 [DC90]. L'ERS est basée sur le mécanisme de diffusion multipoint Reverse Path Forwarding (RPF) défini par Dalal *et al.* [DM78] ainsi que sur l'utilisation d'un champ de l'entête IP nommé `Time To Live` (TTL). Le RPF, qui peut se traduire par Transmission par Chemin Inverse, consiste à diffuser le paquet reçu par le routeur à tous ses liens (sauf celui de réception) à condition que le paquet ait été reçu par un lien faisant partie du meilleur (plus court) chemin du routeur vers la source du paquet. Sinon le paquet est détruit. En ce qui concerne le champ TTL, celui-ci est décrémenté à chaque fois que le paquet traverse un routeur, et sa valeur initiale peut être au plus de 255. Lorsque la valeur du TTL atteint 0 dans un routeur, celui-ci détruit le paquet. Le but original de ce champ est d'éviter que des paquets perdus (dont le routage est erroné) ne soient propagés indéfiniment dans le réseau. Dans le cas de l'ERS, le champ TTL conserve sa fonction initiale mais il fait également double emploi avec le mécanisme suivant : les paquets sont émis par la source avec un TTL fixé à une certaine valeur. Par la définition donnée précédemment, le champ TTL est décrémenté de 1 à chaque fois que le paquet traverse un noeud. Cette valeur (le TTL initial) définit donc une sorte de rayon d'action du paquet qui sera détruit lorsque le TTL atteindra 0. La diffusion des paquets est réalisée par RPF. Sur la figure 2.1 est illustré un **expanding ring** (un disque) dont la source est le noeud 25 et de rayon 3.

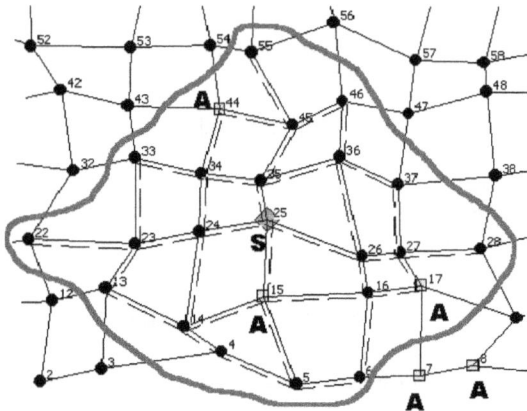

FIGURE 2.1 – *Expanding ring* possédant un TTL initial égal à 3

Le mécanisme de recherche par anneaux croissants se base sur la diffusion expliquée ci-dessus. Un paquet est émis avec un petit TTL (1 ou 2), si aucun agent n'est trouvé, un nouveau paquet est émis avec un TTL plus grand et ainsi de suite, jusqu'à atteindre des valeurs de TTL qui inondent tout l'Internet. L'évolution de la valeur du TTL initial peut se faire sous forme de suite arithmétique de raison 1 (1, 2, 3, 4, ...) ou plus (r, $2r$, $3r$, $4r$, ...) ou sous forme de suite géométrique de raison 2 (1, 2, 4, 8, ...) ou plus (q, q^2, q^3, q^4, ...). Dans la réalité, l'utilisation d'une ERS avec un TTL initial supérieur à sept ou huit est difficilement concevable. Les noeuds atteints par cette diffusion forment graphiquement une sorte de disque de rayon égal à la valeur du plus grand TTL initial utilisé. Comme celui-ci augmente en cas d'échec de la recherche, on obtient de nouveaux disques de rayon croissant d'où le nom de *recherche par anneaux croissants*. Le problème est qu'une diffusion par une source donnée S d'un message de requête de recherche d'agent par ce moyen, ne tient pas du tout compte de la position des autres acteurs de la communication si ce n'est pour la valeur maximum du TTL initial, et inonde tous les noeuds environnants.

2.4 Analyse des besoins des protocoles et applications en techniques de recherche

Dans cette section nous effectuons un recensement des techniques de recherche employées dans les protocoles décrits dans le chapitre 1. Nous proposons un service fédérateur à un certain nombre de ces protocoles.

2.4.1 Recensement des besoins des protocoles et des applications

Le tableau 2.2 contient la liste des agents étudiés au chapitre 1. Nous pouvons voir que beaucoup d'entre eux sont découverts à l'aide de techniques dynamiques telles que l'ERS ou la recherche par l'arbre multipoint. Parmi ceux découverts par des techniques statiques, nous retrouvons entre autres l'utilisation de SLP, du DNS et du WWW.

Cependant les techniques actuelles statiques ou dynamiques souffrent de certains défauts. Le Service Location Protocol [VGPK97] par exemple ne peut pas être déployé à l'échelle d'Internet car il utilise une base centralisée pour la localisation de services qui est elle même découverte par multipoint IP. De plus l'information SLP pourrait ne pas être à jour parce que c'est une recherche basée sur un annuaire. Il reste néanmoins approprié pour trouver des services communs tels que l'impression ou le partage de fichiers. Concernant l'anycasting [PMM93], son déploiement à l'échelle d'Internet est rendu très difficile par le fait que les adresses anycast partagent le même espace d'adressage que les adresses unicast (d'où une consommation importante de ressources dans les tables de routage déjà saturées). Quant à la diffusion (broadcast) IP, au multipoint IP et à l'ERS, leurs mécanismes de diffusion intensive de paquets les rendent dangereux à déployer dans un environnement inter-domaine.

TABLE 2.2 – Caractéristiques des agents de certains protocoles existants

Protocole/ Architect.	Nom de l'agent	Rôle de l'agent	Méthode de recherche
NIMI	NPD	mesures de traceroute, tcpdump	-
IDMaps	tracer	mesures de délais et nb de sauts	-
MeGa	servent	contrôle de débit vidéo	multipoint IP / SLP
IMA	-	multipoint applicatif	-
PIM-SM	BSR	désignation des RP	N/A (diffusion aux DR)
	RP	racine de l'arbre multipoint	fonction de hachage
YAM	EN	localisation d'un membre de l'arbre pour greffe	DNS
	-	candidat au raccord du nouveau membre	recherche par anneaux croissants, directed spanning join
QoSMIC	MR	localisation d'un membre de l'arbre pour greffe	SDP, domain wide reporting
	-	candidat au raccord du nouveau membre	recherche par anneaux croissants, recherche par l'arbre multipoint
LAR	CM	localisation d'un membre de l'arbre pour greffe	SDP, WWW
	-	candidat au raccord du nouveau membre	recherche par l'arbre multipoint
LCM	CBS	attribution d'une racine à un nouveau membre	manuel
TMTP	DM	retransmission de données	recherche par anneaux croissants
LBRM	LS	retransmission de données	recherche par anneaux croissants
RMTP	DR	retransmission de données	manuel / recherche par l'arbre multipoint
LGMP	GC	retransmission de données	annonce par anneaux croissants

2.4.2 Proposition d'un service fédérateur

Bien que certaines techniques actuelles soient adaptées dans des situations particulières, nous proposons une solution qui tente d'être utilisable dans la majorité des cas de recherche d'agent. Notre proposition n'est donc pas en compétition avec certaines des propositions décrites dans les sections précédentes. Notre solution est étudiée pour trouver des agents qui ne fournissent pas des services communs (donc très fréquents) et elle peut être déployée à grande échelle partout dans Internet. Notre solution est basé au niveau IP (comme la plupart des techniques dynamiques de recherche). Dans notre solution une recherche est toujours ciblée (nous disons *orientée*) vers un noeud spécifique et notre service n'a pas besoin de stocker des informations dans les noeuds concernant des noeuds distants. Voici certains exemples de noeuds cibles :

- Dans les protocoles de calculs de distances tels que IDMaps [FJP⁺99], le client HOPS recherche des tracers qui pourront lui fournir la distance vers une destination donnée. Nous pourrions utiliser la destination comme noeud cible de la recherche des tracers.
- Dans les protocoles nécessitant l'utilisation de passerelles tels que MeGa [AMK98], le client cherche un agent qui va adapter le débit du flux vidéo envoyé par la source. Nous pouvons voir ici que nous avons besoin d'un mécanisme de recherche tiers. L'objectif ici aussi est de minimiser la distance totale client - agent - source. Nous pourrions utiliser la source vidéo comme noeud cible de la recherche.
- Dans les protocoles de création et de maintenance d'arbres multipoints tels que YAM [CC97] et QoSMIC [BFP98], lorsqu'un récepteur a réussi à contacter la racine de l'arbre multipoint d'un groupe, il doit être inséré dans l'arbre multipoint existant. Le récepteur utilise alors une ERS pour se greffer sur un noeud appartenant déjà à l'arbre multipoint désiré. Le récepteur souhaiterait être greffé à un noeud de l'arbre qui minimise la distance totale récepteur - noeud dans l'arbre - noeud racine, pour minimiser les délais. Nous pourrions prendre la racine de l'arbre multipoint comme notre noeud cible.
- Dans les protocoles multipoint fiable tels que TMTP [YGS95], RMTP [PSLB97] et LGMP [Hof97], les récepteurs cherchent leurs agents retransmetteurs en diffusant des requêtes multipoint par ERS. Les récepteurs cherchent l'agent le plus proche mais l'agent doit aussi être le plus proche possible de la source. Nous pourrions orienter la recherche en prenant la source multipoint comme noeud cible.

Nous utilisons aussi un système de recherche à portée limitée mais il est assez différent de la recherche par anneaux croissants (ERS) actuellement utilisée par de nombreux protocoles pour effectuer une recherche d'agent. En effet l'ERS ne peut effectuer de recherche qu'autour du noeud client. Cependant nous avons vu dans chacun des exemples précédents que nous pouvions trouver un noeud cible spécial servant de balise pour une zone de recherche. Notre objectif est d'utiliser cette information pour orienter la diffusion des requêtes de recherche et ainsi définir un mécanisme de recherche d'agent plus efficace.

De plus le besoin d'un mécanisme de recherche d'agent générique nous a poussé à définir un service de recherche indépendant de tout autre service ou protocole afin d'éviter l'implémentation du mécanisme de recherche dans chaque protocole en ayant besoin.

Deuxième partie

Protocoles de diffusion orientée et de recherche d'agent

Chapitre 3

Architecture des protocoles

Ce chapitre décrit les principes mis en oeuvre dans nos deux protocoles. Le protocole de diffusion multipoint orientée a été défini pour fournir un mécanisme de diffusion adapté à la recherche d'agent mais il peut être utilisé à d'autres fins car son fonctionnement est indépendant de celui du protocole de recherche d'agent.

3.1 Protocole de diffusion multipoint orientée

Un nombre croissant d'applications et de services dans l'Internet vont nécessiter l'emploi de la diffusion multipoint dans un futur proche. Cependant, seules quelques techniques sont actuellement mises en oeuvre dans les protocoles de routage multipoint de la couche réseau, telles que l'inondation, l'élagage ou les méthodes de construction par chemins inverses. Nous proposons un nouveau modèle ainsi que son algorithme pour définir une nouvelle méthode de diffusion multipoint pouvant combler l'espace entre les deux principaux mécanismes de diffusion multipoint : l'inondation/élagage et le multipoint par construction de chemins inverses. De plus notre modèle est conçu pour supporter le déploiement à grande échelle et en particulier il est adapté à un usage inter-domaine. Cependant notre modèle de diffusion orientée est surtout destiné à être utilisé pour des transmissions d'informations de contrôle plutôt que pour des transmissions de données.

3.1.1 Contexte

Les protocoles multipoints actuels implémentent en général l'une des techniques multipoints suivantes. Un premier algorithme simple est appelé inondation. Lorsqu'un paquet est reçu, le routeur vérifie si le paquet a déjà été reçu. Si oui, le paquet est détruit, si non il est propagé sur tous les liens excepté celui de réception. Cette technique produit beaucoup de paquets redondants et nécessite le maintien d'informations d'états dans les routeurs.

Une version améliorée s'appelle le Reverse Path Forwarding (RPF) [DM78]. Le RPF consiste à diffuser le paquet reçu par le routeur à tous ses liens (sauf celui de réception) à condition que le paquet ait été reçu par un lien faisant partie du meilleur (plus court) chemin du routeur vers la source du paquet. Sinon le paquet est détruit. Le RPF est une amélioration sur l'inondation et il est utilisé dans beaucoup de protocoles réseaux. Il permet d'éviter le bouclage des paquets sans avoir à les mémoriser.

Une variante de l'algorithme RPF s'appelle le Reverse Path Multicasting (RPM) [Dee91]. Les données sont diffusées par RPF mais si un routeur feuille n'a pas de membres, il peut émettre un message d'élagage à son parent afin que le lien logique à son parent (dirigé vers la source) soit coupé et ainsi de suite. Périodiquement, on inonde à nouveau ces liaisons pour vérifier si le routeur n'a toujours pas de membres. Dans le cas contraire le lien logique est recréé. Le RPM doit maintenir des informations d'élagage ce qui le rend inutilisable à grande échelle.

3.1.2 Multipoint orienté

Nous proposons un modèle pour définir une nouvelle méthode de diffusion multipoint nommée *diffusion multipoint orientée*. L'idée est d'effectuer une diffusion multipoint limitée et canalisée autour d'un chemin point-à-point joignant l'émetteur à une destination spécifique, d'où le terme *orienté*. Notre algorithme est proche des algorithmes multipoints de type Reverse Path Forwarding ou Multicasting (RPF, RPM) mais la diffusion des paquets est beaucoup plus contrôlée. Le principe générique de l'algorithme est d'atteindre seulement les noeuds situés sur un ou près d'un plus court chemin entre l'initiateur multipoint S appelé la *source* et un noeud D appelé la *destination* ou la *cible*. Chaque paquet contient un champ spécial appelé *rayon*. Tant que le paquet se déplace le long d'un plus court chemin entre S et D, il est diffusé par RPF sur chaque lien du routeur excepté le lien d'arrivée et le *rayon* n'est pas décrémenté. La diffusion hors d'un plus court chemin SD dépend des paramètres utilisés et cela est décrit dans la section suivante. La figure 3.1 représente une diffusion multipoint orientée entre les noeuds 15 et 85 avec un rayon initial de 2.

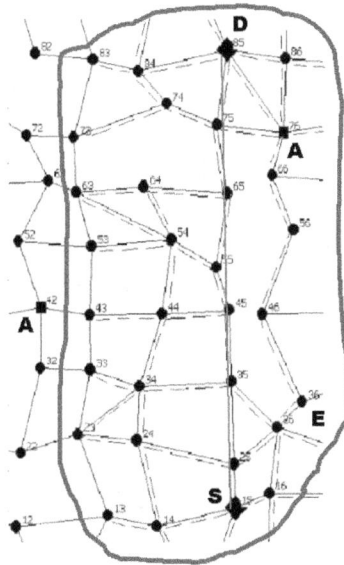

FIGURE 3.1 – Diffusion multipoint orientée

Bien que nous parlions de plus courts chemins, et d'un plus court chemin SD en particulier, durant tout cette partie du mémoire, il s'agit en fait du chemin donné par le système de routage point-à-point sous-jacent. Le fait que ce chemin ne soit pas toujours réellement un vrai plus court chemin n'a pas d'impact important et notre algorithme fonctionne toujours. Notons que notre algorithme ne nécessite le stockage d'aucune information dans les routeurs (tout comme le RPF). Nous proposons d'appeler le protocole issu de notre algorithme : Oriented Multicasting Protocol (OMP).

63

3.1.3 Variantes de diffusion multipoint orientée

Notre modèle est paramétré. En changeant les valeurs des paramètres nous pouvons obtenir plusieurs versions différentes de notre modèle que nous appelons *variantes*. Nous en étudions dix dans ce mémoire.

Dans la plupart des cas, le champ *rayon* du paquet est décrémenté pour chaque saut et donc la distance maximum de déplacement pour le paquet, hors de SD, est limitée à au plus la valeur initiale du rayon qui est un paramètre appelé *rayon_init*.

Dans certains cas, la valeur initiale du rayon n'est pas fixée au départ mais dépend de la position où le paquet quitte SD. Le rayon initial est alors calculé dynamiquement au point où le paquet quitte le plus court chemin de S vers D. L'idée étant que la distance qui peut être parcourue augmente lorsque le paquet quitte le chemin SD plus loin de S. En fait le rayon initial est fixé proportionnellement à la valeur de la distance parcourue. C'est le paramètre appelé *forme* qui contrôle ce mécanisme qui influe sur la forme de la zone couverte par la diffusion orientée comme cela est montré à la figure 3.2(a) et 3.2(b).

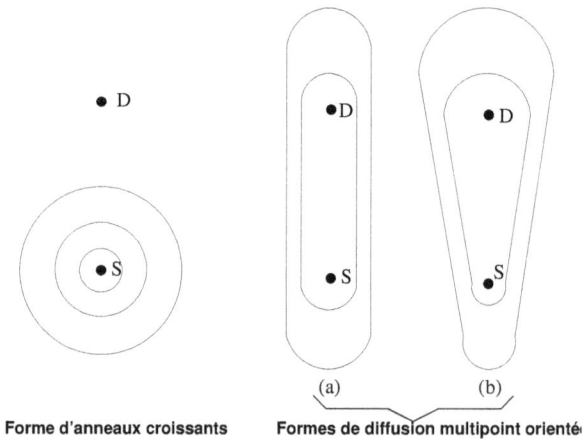

Forme d'anneaux croissants   **Formes de diffusion multipoint orientée**

FIGURE 3.2 – Zones de diffusion multipoint

S représente le noeud initiateur de la diffusion multipoint tandis que D représente le noeud cible de la diffusion multipoint (utilisé par notre algorithme seulement). Chaque ligne noire définit une zone couverte par une diffusion avec une valeur donnée pour le rayon initial. L'utilisation d'une succession de diffusions orientées sera étudiée dans la partie suivante.

Quand un paquet quitte le plus court chemin SD, la méthode de diffusion dépend des paramètres du modèle. La figure 3.3 illustre les trois possibilités de diffusion :

- Le paquet peut être propagé par Reverse Path Forwarding (RPF) (flèches pleines sur la figure 3.3).
- Il peut être diffusé par multipoint orthogonal (aussi appelé excentrique) (flèches avec des tirets). Le multipoint orthogonal consiste à diffuser le paquet uniquement sur les liens ne menant pas à la source ou la destination par un plus court chemin. Cette règle donne un effet de propagation orthogonal destiné à éviter la création de trop de paquets redondants.
- Il peut être émis en point-à-point vers la destination (flèche avec des tirets-points). Plusieurs chemins de même longueur peuvent être utilisés si le routage sous-jacent gère les routes multiples (multipath).

Dans l'exemple de la figure 3.3 les noeuds atteints par les trois modes de propagation sont les suivants :

- Pour le mode RPF : V, W, X, Y et Z.
- Pour le mode orthogonal : W et X.
- Pour le mode destination : Y ou Z ou Y et Z (selon les informations du système de routage sous-jacent).

3.1.4 Applications de la diffusion multipoint orientée

Les applications de la diffusion multipoint orientée sont diverses. Nous en avons étudié une qui nous semble très importante : il s'agit de la recherche dynamique d'agents au niveau réseau. La section 3.2 est entièrement consacrée à la définition d'un nouveau service de recherche dynamique d'agents au niveau réseau et de son protocole correspondant. Le but étant de remplacer le mécanisme utilisé actuellement par beaucoup de protocoles réseaux (i.e., l'ERS, voir partie I) par un service plus performant et plus générique.

Une autre application pourrait être utile : il s'agit de la découverte de to-

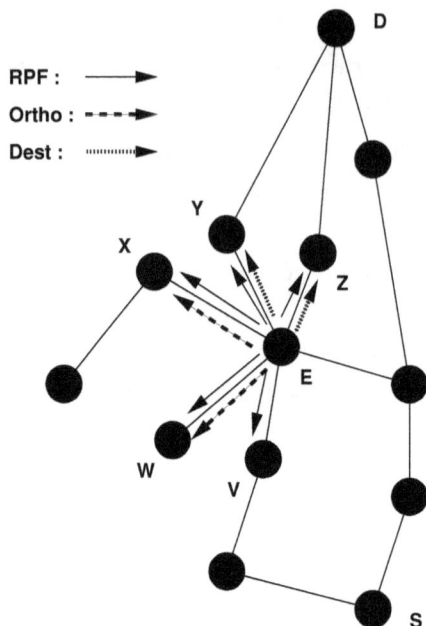

FIGURE 3.3 – Options de diffusion hors de SD

pologies réseaux. Les outils de découverte réseau actuels utilisent des sondes limitées par le nombre de sauts mais comme elles ne sont pas orientées, elles ne peuvent pas être employées avec des valeurs élevées du TTL initial. Notre algorithme permettrait de découvrir le voisinage d'un chemin point-à-point vers une destination intéressante/spécifique en réduisant les coûts en consommation de bande passante.

3.2 Service et protocole de recherche d'agent au niveau réseau

Nous avons vu dans la première partie que beaucoup de protocoles ont besoin d'un mécanisme de recherche d'agent. Ils utilisent actuellement un certain nombre de techniques dont l'une des plus courantes est l'ERS. Dans cette section nous proposons un service générique destiné à remplacer l'utilisation de

66

certaines techniques existantes et en particulier de l'ERS.

3.2.1 Problématique

Beaucoup de protocoles réseau ont besoin de découvrir des noeuds spécifiques avant de mettre en place une communication. Ces noeuds spécifiques sont impliqués dans le fonctionnement du protocole tels que des noeuds de greffe pour les arbres multipoint ou des noeuds de retransmissions pour des hiérarchies multipoint fiable et ils ont habituellement besoin d'être trouvés avant la transmission de données. Nous avons défini un tel noeud spécifique un noeud *agent* réseau. Cela peut être un ordinateur client, un serveur dédié ou un routeur.

Certains services fournissent des ressources partagées et la localisation des agents qui les hébergent n'évolue pas avec le temps. Dans ce cas, un service de découverte basé sur un annuaire fonctionne bien. Mais beaucoup d'autres services fournissent des ressources qui évoluent rapidement dans le temps. En particulier les services fournis par les protocoles multipoints tels que la création et la maintenance des arbres multipoints sont très dépendants de la topologie. Dans ce cas le service de découverte doit être dynamique. Cela signifie que la recherche doit être faite à chaque requête car les résultats sont supposés changer rapidement. Au niveau de la couche réseau effectuer une recherche d'agent signifie essayer de localiser un agent par diffusion de messages contenant des informations au sujet du service souhaité. La diffusion peut être faite en utilisant le broadcasting IP [Mog84a], le multipoint par RPF [DM78] ou l'anycasting [PMM93]. Les protocoles multipoints implémentent habituellement la deuxième solution dans un mécanisme appelé recherche par anneaux croissants (Expanding Ring Search (ERS) en anglais). Cela parce que le broadcasting IP n'est pas efficace si l'on considère sa consommation de ressources réseau et l'anycasting pose des problèmes au niveau du routage à cause de l'attribution de ses adresses.

Or dans la plupart des cas de recherche d'agent présentés dans la première partie, nous pouvons affiner la problématique d'une simple recherche. En effet, la majorité des protocoles que nous avons vu ont en commun le problème fondamental suivant :

Problème 1 *Soient deux noeuds IP, l'un client, l'autre fournisseur d'un service particulier, comment rechercher un noeud IP tripartite, appelé agent, relais du noeud fournisseur, de telle sorte que la longueur du chemin reliant les trois noeuds IP soit minimale ?*

Bien que l'algorithme de recherche par anneaux croissants (ERS) utilise le RPF et soit incrémental, il n'est pas toujours efficace au vu de l'énoncé ci-dessus car il cherche dans toutes les directions et donc envoie des paquet dans des zones non intéressantes d'un point de vue topologique. Dans de nombreux cas où seule une zone spécifique a besoin d'être balayée pour trouver des agents, un mécanisme de recherche basé sur notre nouvel algorithme de diffusion orientée peut donner des meilleurs résultats que l'utilisation de l'algorithme de l'ERS.

Rappelons quelques exemples d'agents vus dans la première partie du mémoire :

– Un serveur de distances (e.g., HOPS).
– Un serveur qui joue un rôle de convertisseur de format de données entre une source et un client incompatibles (pour du codage, du cryptage, ...). Cet exemple est illustré sur la figure 3.4.
– Un serveur miroir (e.g., web, ftp, ...).
– Un noeud d'un arbre multipoint pour greffer un nouveau membre.
– Un noeud de retransmission pour des flux multipoints fiables.

La recherche de ces agents de façon dynamique (i.e., par diffusion de messages de recherche au niveau réseau) ne peut actuellement être effectuée efficacement que par une recherche par anneaux croissants. Or dans la plupart de ces exemples, la recherche pourrait être orientée en direction d'un noeud spécifique appelé *cible* :

– pour le serveur de distances, la cible pourrait être la destination dont on cherche la distance ;
– pour le convertisseur, la cible pourrait être le serveur de données ;
– pour l'arbre multipoint, la cible pourrait être la racine de l'arbre ;
– pour le multipoint fiable, la cible pourrait être la source du flux multipoint.

De plus, dans la majorité des cas, il est souhaitable que l'agent soit le plus près possible d'un plus court chemin entre l'initiateur et la cible. Nous proposons dans de tels cas de remplacer l'ERS par un protocole de recherche d'agent basé sur notre protocole de diffusion multipoint orientée. La recherche serait orientée vers une cible (définie dans chacun des exemples précédents) et serait par conséquent plus efficace qu'une ERS. De plus notre algorithme est étudié pour trouver des agents situés aussi proches que possible d'un plus court chemin entre l'initiateur et la cible ce qui est d'un grand intérêt pour les protocoles ou applications ci-dessus.

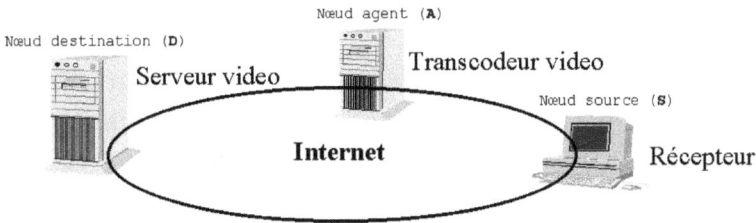

FIGURE 3.4 – Exemple de recherche d'agent

Notre solution se distingue de SLP car elle prend en compte la topologie du réseau et se distingue de l'anycast car elle utilise une cible contrairement à l'anycast. Ce dernier se rapproche d'ailleurs du mécanisme ERS en inter-domaine (voir [KW00]). De plus notre solution n'est pas de type push tel que SLP ou l'anycast qui stockent des informations au préalable dans des bases de données ou des tables de routage. Dans notre solution aucune information n'est stockée à priori dans quelque endroit que se soit et seul l'agent lui-même possède la liste des services/fonctions qu'il propose.

3.2.2   Définition d'une recherche d'agent au niveau réseau

Dans les sections qui suivent, nous décrivons les bases d'un service et d'un protocole de recherche d'agent au niveau réseau. Nous proposons de l'appeler Network-level Agent Search Protocol (NASP en abrégé). Nous définissons une interface de base pour notre service NASP ainsi que les les principes de base de notre protocole. L'algorithme et les structures de données correspondant à notre protocole sont décrits dans la section 4.2. Tout d'abord, définissons les termes inclus dans le nom du service :

- *au niveau réseau* (**Network-level**) : la recherche tente de localiser des agents en diffusant des paquets de recherche au niveau de la couche IP.
- *agent* (**Agent**) : c'est un routeur ou un hôte qui fournit une *fonction* spécifique d'une application ou d'un protocole à d'autres routeurs ou hôtes via un réseau.
- *recherche* (**Search**) : le processus qui consiste à tenter de trouver un agent sans information à priori.

Pour pouvoir être trouvé, un agent doit exécuter une instance de notre protocole NASP. Si ce n'est pas un routeur, il peut être déclaré dans un routeur voisin exécutant NASP en utilisant un mécanisme du type IGMP.

Notre objectif est de créer un mécanisme qui utilise la position d'une autre entité impliquée dans la recherche (la cible). Le service de recherche doit trouver un agent relais nommé A situé entre un noeud S et un noeud D (la cible) de sorte que la recherche de cet agent se fasse dans une zone restreinte entre S et D. L'utilisation de notre mécanisme garantit que l'inondation est évitée et que la distance S-A-D est bornée. Comparé à une ERS, notre mécanisme a besoin d'une information supplémentaire qui est l'adresse du routeur cible D. Nous avons vu cependant dans la section 3.2.1 que cette information est fréquemment disponible. Notre mécanisme fonctionne de façon incrémentale (i.e., comme dans une ERS). Il peut augmenter la zone de recherche si aucun agent n'est trouvé.

3.2.3 Contexte d'utilisation du protocole de recherche d'agent

Dans le cas où une cible peut être définie (i.e., la plupart du temps) nous proposons de remplacer la recherche habituelle par anneaux croissants par notre protocole NASP qui utilise notre protocole de diffusion multipoint orientée. Comme il est orienté en direction de la cible il est souvent plus efficace que l'ERS (voir à la section 7.3). De plus la recherche est étudiée pour trouver des agents localisés le plus près possible d'un plus court chemin de l'initiateur à

70

la cible ce qui est d'un grand intérêt pour les protocoles et applications vus précédemment.

Dans le contexte de notre protocole NASP, la source multipoint orientée S définie dans la section 3.1.2 est le client qui invoque la recherche(*i.e.* l'initiateur) et la destination multipoint D aussi définie dans la section 3.1.2 est la cible de la recherche.

Les contraintes sur les routeurs sont :

– Tous les routeurs devraient idéalement exécuter une instance de notre protocole OMP. En effet dans les routeurs n'exécutant pas OMP, les paquets de recherche sont émis en point-à-point vers la destination et risquent de ne pas couvrir la zone de recherche prévue. Les routeurs hébergeant des services (fonctions) et souhaitant jouer le rôle d'agent devraient exécuter une instance de notre protocole NASP.

– Les routeurs peuvent déclarer héberger un service au nom d'un hôte étant sur son réseau local (par un mécanisme similaire à IGMP [Fen97b]). Cela n'est pas encore défini.

– Chaque routeur doit permettre au protocole OMP d'utiliser sa table de routage unipoint.

Dans ce contexte, les protocoles OMP et NASP ont les propriétés suivantes :

– *Dynamique* : le protocole NASP est exécuté sur demande donc l'information collectée n'est jamais périmée (bien qu'un système de cache à courte durée ne soit pas exclu). Il ne s'appuie pas sur des méthodes statiques (*e.g.* utilisation d'annuaires) pour trouver des agents.

– *Distribué* : le protocole OMP s'exécute sur tous les routeurs de manière indépendante (pas de passage de messages spécifiques). Il ne s'appuie pas sur un mécanisme centralisé. En particulier, ce protocole a seulement besoin de l'information fournie par le système de routage unipoint sous-jacent (comme le protocole PIM-SM [EFH$^+$98]). Aucune connaissance de la topologie globale du réseau n'est requise.

– *Extensible à grande échelle* : un routeur exécutant le protocole OMP ne maintient aucune information d'état et un routeur exécutant le protocole NASP ne stocke que la liste des services qu'il (ou un de ses hôtes locaux) est en mesure de fournir.

3.2.4 Description du service de recherche

Pour l'instant, l'interface de notre service de recherche est minimale. Une application ou un protocole désireux d'utiliser notre service de recherche doit simplement appeler la fonction suivante :

```
recherche(descripteur_de_fonction, adresse_de_la_cible)
```

Il doit fournir le descripteur de la fonction recherchée et l'adresse IP de la cible. Le descripteur de fonction sera un identifiant codant un ensemble de fonctionnalités semblables et qui sera attribué par un organisme chargé des normes (tel que l'IANA). Il sera complété par des informations sur la fonction qui préciseront la fonction exacte recherchée ainsi que des paramètres additionnels (voir section 5.2). Ces informations seront placées dans la partie *données* du paquet située après l'entête NASP.

Concernant la cible, nous avons vu plusieurs exemples typiques de cible au début de la section 3.2.2. Une fois la recherche accomplie, la fonction va retourner à l'application ou au protocole l'adresse IP de l'agent réseau (hôte ou routeur) exécutant la fonction souhaitée et optimisant le plus possible la distance *initiateur-agent-cible* en termes de délai ou de nombre de sauts.

3.2.5 Description du protocole de recherche

Notre protocole de recherche doit trouver un agent A, localisé de préférence près d'un plus court chemin SD sans diffuser trop de paquets de recherche. Notre protocole de diffusion multipoint orientée fournit un tel mécanisme. Il garantit que l'inondation est évitée et que la distance SAD en nombre de sauts est bornée. Comparé à la recherche par anneaux expansifs notre recherche d'agent à besoin d'une indication supplémentaire qui est l'adresse IP de la cible D. Une vue synthétique du couple diffusion multipoint orientée–recherche d'agent au niveau réseau est donnée à la figure 3.5. Elle montre comment un paquet est pris en main par un routeur et acheminé vers le prochain routeur. La figure 3.5 ne montre que l'appel de la fonction TRAITEMENT qui est systématique si le noeud exécute une instance du protocole NASP. Les autres fonctions ne sont

exécutées que dans certaines conditions (e.g., à la source, dans un agent qui
répond, ...).

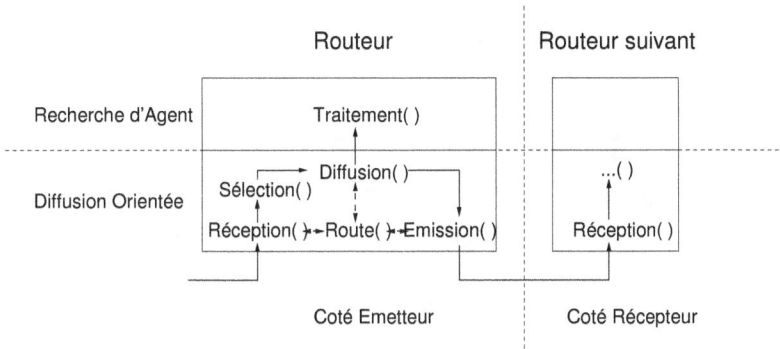

FIGURE 3.5 – Architecture des protocoles OMP/NASP

Les trois phases d'une recherche orientée typique sont illustrées sur la figure 3.6. Dans la première phase illustrée sur la figure 3.6a, l'initiateur de la
recherche (nommé *source* et abrégé S) amorce la diffusion des paquets pour effectuer une recherche en utilisant la diffusion multipoint orientée. La recherche
est orientée vers une cible spécifique (nommée *destination* et abrégée D). Dans
tous les routeurs exécutant le protocole NASP, une fonction de traitement est
appelée à réception d'un paquet de recherche. Si le routeur (ou un hôte d'un
LAN attaché) peut fournir la *fonction* recherchée, il devient un *agent* potentiel
(abrégé A). Dans la deuxième phase, l'agent potentiel transmet le message en
mode point-à-point à la *destination* comme illustré sur la figure 3.6b. Ce message contient aussi une mesure du délai S-A (valide uniquement si les machines
sont synchronisées par NTP ou tout autre protocole similaire) et du nombre de
sauts. La troisième phase commence à la réception de ce paquet. La *destination*
répond à la *source* en mode point-à-point comme illustré sur la figure 3.6c. La
réponse envoyée à la *source* contient l'adresse IP de l'*agent* et une mesure du
délai S-A-D (valide uniquement si les machines sont synchronisées par NTP ou
autre) et du nombre de sauts. A réception, la *source* calcule le délai S-D (valide
uniquement si les machines sont synchronisées par NTP ou autre) et le nombre
de sauts. A la fin de la troisième phase, la *source* possède les adresses IP des

agents potentiels et possède une mesure du nombre de sauts et du délai (si applicable) vers chacun d'eux si les liens sont symétriques. Nous ne considérons pas le problème des liens asymétriques pour l'instant. La *source* peut contacter l'*agent* choisi pour activer un service ou bien commencer à envoyer des données qui transitent par l'*agent* choisi vers la *destination*.

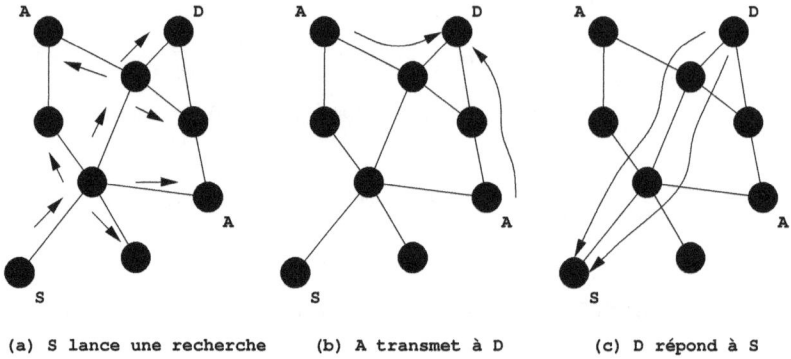

(a) S lance une recherche   (b) A transmet à D   (c) D répond à S

FIGURE 3.6 – Phases de la recherche

Chapitre 4

Algorithmes de diffusion et de recherche

Ce chapitre contient la description des algorithmes de diffusion multipoint orientée et de recherche dynamique d'agent au niveau réseau.

4.1 Algorithme de diffusion multipoint orientée

Après avoir expliqué les principes de la diffusion multipoint orientée dans la section 3.1, nous allons donner ici une description détaillée de l'algorithme permettant une telle diffusion. Nous détaillons aussi les structure de données utilisées par notre algorithme.

4.1.1 Structures de données

La table 4.1 contient la liste des champs définis dans l'entête d'un message du modèle de diffusion multipoint orientée. Notons que les adresses IP source et destination du paquet seront notées *src* et *dst* dans la suite de ce mémoire. Depuis la position courante du routeur dans lequel se trouve le paquet, nous définissons E comme étant un routeur voisin n'appartenant pas à un plus court chemin SD.

TABLE 4.1 – Champs de l'entête de diffusion multipoint orientée d'un message

Nom	Valeurs	Description
SD	**true, false**	Booléen indiquant si le paquet provient d'un lien situé sur un plus court chemin de S vers D
ED	**true, false**	Booléen indiquant si le paquet provient d'un lien situé sur un plus court chemin vers D (depuis E qui n'est pas sur un plus court chemin SD)
ES	**true, false**	Booléen indiquant si le paquet provient d'un lien situé sur un plus court chemin vers S (depuis E qui n'est pas sur un plus court chemin SD)
sauts	$n \in \mathcal{N}$	Nombre de sauts déjà effectués
rayon	$n \in \mathcal{N}$	Entier définissant le degré de diffusion (plus il est grand, plus la diffusion s'écarte de l'axe SD)
sauts_SD	$n \in \mathcal{N}$	Nombre de sauts de S vers D (initialisé à 0 par la source si sa valeur est inconnue)

La structure *vrt* (raccourci pour *variante*) contient les paramètres de l'algorithme. La table 4.2 donne une explication détaillée pour chaque champ de cette structure. Les variantes du groupe (a) de la figure 3.2 sont obtenues avec le paramètre *forme* fixé à *fixe* et les variantes du groupe (b) avec le paramètre *forme* fixé à *variable*.

4.1.2 Algorithme

Dans la description de notre algorithme, nous considérons tous les noeuds du réseaux comme étant des routeurs (l'extension de notre algorithme aux machines hôtes sera réalisée ultérieurement). Il faut noter que notre algorithme de diffusion multipoint orientée ne maintient aucune information d'état dans les routeurs. Les fonctions qui composent notre algorithme sont données ci-dessous en pseudo-code. Comme dit précédemment, les paramètres de l'algorithme sont accessibles via la structure *vrt*.

TABLE 4.2 – Paramètres de diffusion multipoint orientée

Nom	Valeurs	Description
dmo	**rpf**, **ortho**	Définit comment les paquets sont diffusés hors d'un plus court chemin SD
dmo_E	**rpf**, **pp**	Définit comment les paquets sont diffusés hors d'un plus court chemin SD et sur un plus court chemin vers D
dec_rayon	**true**, **false**	Booléen indiquant si le rayon doit être décrémenté quand un paquet est sur un plus court chemin vers D (hors d'un plus court chemin de SD)
forme	**fixe**, **variable**, **ers**	Définit la méthode pour calculer le rayon lorsque le paquet quitte le plus court chemin vers SD ou permet de choisir une diffusion circulaire comme dans l'ERS
rayon_init	$n \in \mathcal{N}^*$	Permet de calculer la valeur initiale du rayon d'un paquet

Quant une diffusion multipoint orientée est déclenchée, le premier *pkt* (raccourci pour *paquet*) est créé et les champs spécifiques à l'algorithme de diffusion multipoint orientée sont initialisés par la fonction INITIALISATION de la source S. A la création du paquet, celui-ci se trouve dans S mais il n'est pas sur un plus court chemin de E vers S ou D puisque d'après notre définition précédente, E représente un routeur qui n'est pas sur un plus court chemin de S vers D.

INITIALISATION(*pkt*)

1 *pkt.SD* ← **true**
2 *pkt.ED* ← **false**
3 *pkt.ES* ← **false**
4 *pkt.sauts* ← 0

La fonction ROUTE fournit un accès au système de routage point-à-point sous-jacent.

ROUTE(*adresse, interface*)

1 **if** *interface* mène vers *adresse* par un plus court chemin
2   **then return true**
3   **else return false**

Un paquet entrant est traité par la fonction RÉCEPTION. Elle effectue un test RPF sur le paquet et l'élimine si nécessaire. Elle décrémente aussi la valeur du rayon si nécessaire et transfère le paquet à la fonction SÉLECTION.

RÉCEPTION(*pkt*)

1 **if** TEST RPF(*pkt*) = **false**
2   **then** DESTRUCTION(*pkt*)
3 **if** *pkt.SD* = **false**
4   **then if** *vrt.dec_rayon* = **true**
5   **or** *pkt.ED* = **false**
6   **then** *pkt.rayon* ← *pkt.rayon* − 1
7 **if** *vrt.forme* = ***ers***
8   **then** *pkt.rayon* ← *pkt.rayon* − 1
9 *pkt.sauts* ← *pkt.sauts* + 1
10 **if** TEST DE DISTANCE(*pkt*) = **false**
11   **then** DESTRUCTION(*pkt*)
12 SÉLECTION(*pkt*)

Dans le cas où *dec_rayon* est **false**, il peut arriver que des paquets effectuent de longs trajets surtout si SD est élevé et qu'il existe beaucoup de routes parallèles. La fonction TEST DE DISTANCE permet de mettre en place un filtre de sécurité destiné à éliminer les paquets ayant effectué un trajet trop long. Si le nombre de sauts SD est inconnu on peut utiliser le seuil arbitraire de 15. Plus de 90% des distances dans l'Internet sont inférieures à cette valeur. Si SD est connu on peut utiliser 2 fois SD comme borne maximale. Le choix de ces valeurs reste empirique.

TEST DE DISTANCE(*pkt*)

```
1   if pkt.sauts_SD = 0
2      then if pkt.sauts > 15
3              then DESTRUCTION(pkt)
4      else  if pkt.sauts > 2 × pkt.sauts_SD
5              then DESTRUCTION(pkt)
```

L'objectif de la fonction SÉLECTION est de déterminer la position du paquet (e.g., est-il sur un plus court chemin de S vers D ?), de manière à sélectionner une technique multipoint. Notons que deux paramètres de variante affectent ce choix.

SÉLECTION(pkt)
```
1   if pkt.SD = true  or  vrt.forme = ers
2      then DIFFUSION(pkt, rpf)
3      else  if pkt.ED = true
4              then DIFFUSION(pkt, vrt.dmo_E)
5              else DIFFUSION(pkt, vrt.dmo)
```

La fonction DIFFUSION va diffuser le paquet par des méthodes variées qui permettront d'obtenir les différentes variantes. Le support du mécanisme de diffusion par RPF est donné par l'option **rpf**. L'option **ortho** ne diffuse les paquets que sur les liens *orthogonaux* à la direction SD (i.e., les liens qui ne mènent pas par un plus court chemin vers S ou D). La fonction envoie aussi une copie du paquet au niveau supérieur via la fonction TRAITEMENT (voir à la section 3.2.2). Les interfaces du routeur sont notées *oif* pour les interfaces sortantes et *iif* pour les interfaces entrantes.

DIFFUSION(pkt, methode)
```
1   TRAITEMENT(pkt)
2   if pkt.rayon = 0
3      then DESTRUCTION(pkt)
4      else  switch methode
5              case rpf :
```

```
6                  for each oif
7                     do if oif ≠ pkt.iif
8                        then ÉMISSION(pkt, oif)
9             case ortho :
10                 for each oif
11                    do if oif ≠ pkt.iif
12                       and ROUTE(pkt.src, oif) = false
13                       and ROUTE(pkt.dst, oif) = false
14                       then ÉMISSION(pkt, oif)
15            case pp :
16                 for each oif
17                    do if oif ≠ pkt.iif
18                       and ROUTE(pkt.dst, oif) = true
19                       then ÉMISSION(pkt, oif)
20                          break
```

La fonction ÉMISSION fixe la valeur du *rayon* si le paquet quitte le chemin SD. La *forme* **variable** utilise un facteur appelé α pour calculer la valeur du *rayon*. Nous avons empiriquement choisi $\alpha = 4$ car des valeurs plus faibles entraînent une diffusion de paquets trop importante. La fonction fixe aussi les booléens *ED* et *ES* si le paquet est déjà hors d'un plus court chemin SD.

```
ÉMISSION(pkt, interface)
 1  if vrt.forme ≠ ers
 2     then if pkt.SD = true
 3             then if ROUTE(pkt.dst, interface) = false
 4                     then pkt.SD ← false
 5                          pkt.ED ← false
 6                          pkt.ES ← false
 7                          if vrt.forme = fixe
 8                             then pkt.rayon ← vrt.rayon_init
 9                             else pkt.rayon ← (pkt.sauts +
10                                  vrt.rayon_init) ÷ α
```

```
11          else  if ROUTE(pkt.dst, interface) =  true
12                    then pkt.ED ←  true
13                    else  pkt.ED ←  false
14                 if ROUTE(pkt.src, interface) =  true
15                    then pkt.ES ←  true
16                    else  pkt.ES ←  false
17  if pkt.rayon = 0
18     then DESTRUCTION(pkt)
```

4.2   Algorithme de recherche dynamique d'agent au niveau réseau

Cette section contient la description d'un algorithme générique de recherche d'agent. Cet algorithme utilise la technique de diffusion orientée présentée dans la section précédente. Cependant sa structure lui permet aussi d'employer la diffusion par anneaux croissants ou de futurs modes de diffusion.

4.2.1   Structures de données

Les champs de l'entête d'un paquet de l'algorithme de recherche d'agent sont présentés dans le tableau 4.3.

Les champs de la structure d'une réponse stockée dans la source sont présentés dans le tableau 4.4. Les champs *délai_SAD* et/ou *sauts_SAD* permettront à la source de choisir le meilleur agent d'un point de vue topologique (i.e., l'agent le mieux situé dans le réseau). Le champ *qualité_supportée* permettra de départager plusieurs agents possédant les mêmes propriétés topologiques. Rien n'empêche une source de choisir un agent n'ayant pas la meilleure valeur *délai_SAD* mais ayant une *qualité_supportée* très élevée.

Les champs d'un routeur ou hôte exécutant une instance du protocole NASP sont donnés dans le tableau 4.5. Les deux champs de la première partie du tableau (i.e., partie supérieure) sont utilisés par tous les noeuds (routeurs ou hôtes) qui exécutent le protocole NASP. Ils permettent à un paquet de re-

TABLE 4.3 – Champs de l'entête de l'algorithme de recherche dynamique d'agent

Nom	Valeurs	Description
agent	$a \in$ IP	Adresse IP de l'agent
type	*requête, transmission_vers_dst, réponse_vers_src*	Définit le type du paquet
fonction	$f \in \mathcal{F}$	Contient le descripteur de la fonction recherchée par la source
qualité	$q \in [0, 100]$	Valeur reflétant la qualité du service proposé par l'agent
no_de_tntive	$n \in 1, 2, 3, 4, 5$	Numéro de la tentative ayant diffusé ce paquet (i.e., 1ère, 2ème, ...)
estampille	$e \in \mathcal{T}$	Contient une date et un horaire pour calculer des délais
sauts_SA	$s \in \mathcal{H}$	Contient une valeur de distance de S vers A (en nombre de sauts)
sauts_AD	$s \in \mathcal{H}$	Contient une valeur de distance de A vers D (idem)
délai_SA	$d \in \mathcal{T}$	Contient une valeur de délai de S vers A
délai_AD	$d \in \mathcal{T}$	Contient une valeur de délai de A vers D

cherche de savoir si la fonction qu'il recherche s'exécute (ou peut s'exécuter) dans l'agent et avec quelle qualité. Les dix champs de la deuxième partie du tableau (i.e., partie inférieure) sont uniquement utilisés par un noeud (routeur ou hôte) source NASP (i.e., l'initiateur d'une recherche). Les champs *temps_début*, *temps_fin* et *délai_recherche* servent à évaluer les performances des variantes lors des simulations. Les champs *liste_des_réponses* et *meilleure_réponse* sont employés si la recherche est paramétrée pour ne pas s'arrêter dès qu'un agent est trouvé (i.e., dans les cas ou l'on souhaite trouver le meilleur agent possible). Les simulations ont montré que les cas ou la *meilleure_réponse* est différente de la *première_réponse* sont assez rares. L'implémentation de la gestion de la *liste_des_réponses* dans le protocole NASP ne sera donc pas forcément réalisée.

TABLE 4.4 – Champs d'une réponse d'un agent

Nom	Description
agent	Adresse IP de l'agent
fonction_supportée	Contient le descripteur de la fonction recherchée par la source
qualité_supportée	Contient le niveau de qualité de la fonction décrite par le descripteur de fonction
no_de_tntive	Tentative à laquelle a répondu l'agent
sauts_SAD	Mesure de la distance SAD (nb de sauts)
sauts_SD	Mesure de la distance SD (nb de sauts)
délai_SAD	Mesure du délai SAD
délai_SD	Mesure du délai SD

4.2.2 Algorithme

Le noeud IP (hôte ou routeur) dans lequel s'exécute une fonction donnée est représenté par l'objet *ici(x)*. x vaut S, A ou D et permet de préciser s'il s'agit du noeud source (S), cible (D) ou d'un noeud agent (A). Les champs que possèdent les noeuds sont définis dans le tableau 4.5. La plupart de ceux-ci ne sont exploités que par la source (i.e., l'initiateur d'une recherche).

La fonction RECHERCHE initie le processus de recherche dynamique d'agent au niveau réseau.

RECHERCHE(*descripteur_de_fonction*, *cible*)
1   *ici(S).temps_fin* ← 0
2   *ici(S).temps_début* ← HORAIRE()
3   *ici(S).no_de_tntive* ← 1
4   TENTATIVE(*descripteur_de_fonction*, *cible*)

TABLE 4.5 – Champs d'un routeur agent NASP

Nom	Description
liste_de_descr_de_fonction	Contient la liste des descripteurs des fonctions que l'agent peut exécuter
qualité	A chaque descripteur de fonction est associé un niveau de qualité (critère applicatif)
cible	Adresse IP de la cible de la recherche
max_tntives	Nombre maximum de tentatives autorisées
no_de_tntive	Numéro de la tentative courante
temps_début	Contient l'horaire du début de la recherche
temps_fin	Contient l'horaire de la fin de la recherche
délai_recherche	Mesure du temps total pris par la recherche
timer_de_tntive	Temporisateur qui borne le temps maximum d'une tentative de recherche
liste_des_réponses	Liste des réponses des agents
meilleure_réponse	Contient la réponse de la liste qui possède la plus petite valeur du champ *délai_SAD*
première_réponse	Contient la première réponse reçue par la source de la recherche

A chaque tentative, la fonction TENTATIVE est appelée. Un nouveau paquet est créé et il est passé à la fonction DIFFUSION (en commençant à la ligne 4, dans ce cas) de la couche de diffusion multipoint orientée. Le timer s'écoule pendant 200ms avant de déclencher une nouvelle tentative au cas où aucun agent n'a répondu. La durée du timer a été choisie empiriquement et peut être sujette à changement. Si aucun agent n'est trouvé, la prochaine tentative augmente la zone de recherche (i.e., en augmentant le paramètre *rayon_init*) de la même manière que l'ERS (i.e., en augmentant le TTL initial). Notons que le champ *sauts_SD* est initialisé à 0 si le nombre de sauts SD n'est pas connu (à l'aide d'une réponse précédemment reçue ou d'un mécanisme externe). De plus le *timer_de_tntive* est fixé à une valeur empirique (exprimée en secondes) si la source n'a aucune information sur le délai SD. Dans le cas contraire, nous utilisons un multiple du délai SD rapporté par la meilleure des précédentes réponses pour définir sa valeur.

TENTATIVE(*descripteur_de_fonction, cible*)

1   CRÉATION(*pkt*)

2   *pkt.src ← ici(S).adresse*

3   *pkt.dst ← ici(S).cible.adresse*

4   INITIALISATION OMP(*pkt*)

5   CHOIX DE LA VARIANTE(*pkt*)

6   *pkt.sauts_SD ← ici(S).meilleure_réponse.sauts_SD*

7   *pkt.rayon_init ← ici(S).no_de_tntive*

8   *pkt.rayon ← ici(S).no_de_tntive*

9   *pkt.agent ← 0*

10 *pkt.type ← requête*

11 *pkt.fonction ← descripteur_de_fonction*

12 *pkt.no_de_tentative ← no_de_tentative*

13 **if** *meilleure_réponse.délai_SD = 0*

14   **then if** *pkt.forme ≠ **ers***

15   **then** TIMER(0.200 *s*)

16   **else** TIMER(0.100 *s*)

17   **else** **if** *pkt.forme ≠ **ers***

18   **then** TIMER(3 × *meilleure_réponse.délai_SD*)

19   **else** TIMER(2 × *meilleure_réponse.délai_SD*)

20 *pkt.estampille ←* HORAIRE()

21 DIFFUSION-4ÈME-LIGNE(*pkt, **rpf***)

La fonction TRAITEMENT est appelée chaque fois qu'un paquet arrive dans un routeur qui exécute le protocole NASP. Elle vérifie si le routeur peut répondre affirmativement à la requête de recherche. Elle gère l'envoie de la réponse de l'agent vers la destination.

TRAITEMENT(*pkt*)

1 **switch** *pkt.type*
2   **case** *requête* :
3   **if** *pkt.fonction* ∈ *ici*(*A*).*liste_des_descripteurs_de_fonction*
4   **and** *ici*(*A*).*descripteur_de_fonction.qualité* ≥ *pkt.qualité*
5   **then** TRANSMETTRE À LA DESTINATION()
6   **case** *transmission_vers_dst* :
7   RÉPONDRE À LA SOURCE()
8   **case** *réponse_vers_src* :
9   ANALYSE DE LA RÉPONSE()

La fonction ANALYSE DE LA RÉPONSE est appelée lorsque la source reçoit la réponse d'un agent. Une nouvelle entrée est créée dans la liste des réponses et les champs sont mis à jour grâce aux informations contenues dans l'entête du paquet de réponse.

ANALYSE DE LA RÉPONSE(*pkt_recu*)

1   *r* ← CRÉATION D'UNE RÉPONSE()
2   *r.délai_DS* ← HORAIRE() − *pkt_recu.estampille*
3   *r.sauts_DS* ← *pkt_recu.sauts*
4   *r.délai_SAD* ← *pkt_recu.délai_SA* + *pkt_recu.délai_AD*
5   *r.sauts_SAD* ← *pkt_recu.sauts_SA* + *pkt_recu.sauts_AD*
6   *r.agent* ← *pkt_recu.agent*
7   *r.fonction_supportée* ← *pkt_recu.fonction*
8   *r.qualité_supportée* ← *pkt_recu.qualité*
9   *r.no_de_tntive* ← *pkt_recu.no_de_tntive*
10   **if** *liste_des_réponses* = {∅}
11   **then** *ici*(*S*).*temps_fin* = HORAIRE()
12   *ici*(*S*).*première_réponse* ← *r*
13   AJOUT DE LA RÉPONSE(*r*)
14   DESTRUCTION(*pkt_recu*)

La fonction TIMEOUT est appelée lorsque le timer s'est écoulé. Une nouvelle tentative est effectuée si CONDITIONS retourne **true**. Voir le chapitre 7 pour plus de détails.

TIMEOUT()
1 **if** CONDITIONS() = **true**
2   **then** $ici(S).no\_de\_tntive \leftarrow ici(S).no\_de\_tntive + 1$
3   TENTATIVE()
4   **else** **if** $ici(S).temps\_fin = 0$
5   **then** $ici(S).temps\_fin \leftarrow$ HORAIRE()
6          $ici(S).délai\_recherche \leftarrow ici(S).temps\_fin - ici(S).temps\_début$

La fonction CONDITIONS détermine si une nouvelle tentative doit être effectuée lorsque le timer vient à expiration. Si elle retourne **true** une nouvelle tentative est lancée, sinon la recherche s'arrête même si aucun agent n'est trouvé. Le nombre de tentatives maximum est contenu dans la variable $max\_tntives$. Pour une recherche orientée, nous avons fait des simulations avec des valeurs de $max\_tntives$ fixées à 2 et 3 (voir au chapitre 7). Pour une recherche par anneaux croissants (ERS) nous avons fait des simulations avec une valeur de 5 comme on le voit dans le pseudo-code de la fonction CONDITIONS. En résumé, dans le cas où des réponses ont été récupérées, la recherche s'arrête si la $meilleure\_réponse$ a été trouvée lors d'une tentative précédente ou si l'agent de la $meilleure\_réponse$ vérifie $dist(SAD) \leq dist(SD) + numéro_{tentative}$.

CONDITIONS()
1 **if** $liste\_des\_réponses = \{\emptyset\}$
2   **then if** $(ici(S).no\_de\_tntive < ici(S).max\_tntives$
3   **and** $vrt.forme \neq \textbf{\textit{ers}})$
4   **or** $(ici(S).no\_de\_tntive < 5$ **and** $vrt.forme = \textbf{\textit{ers}})$
5   **then return true**
6   **else return false**
7 $ici(S).meilleure\_réponse \leftarrow ici(S).liste\_des\_réponses[1]$
8 **for each** $r \in ici(S).liste\_des\_réponses$

9   **do if** $r.délai\_SAD < ici(S).meilleure\_réponse.délai\_SAD$

10   **then** $ici(S).meilleure\_réponse \leftarrow r$

11 **if** $ici(S).meilleure\_réponse.no\_de\_tntive = ici(S).no\_de\_tntive$

12   **and** $ici(S).meilleure\_réponse.sauts\_SAD >$

13    $ici(S).meilleure\_réponse.sauts\_DS$

14    $+ici(S).no\_de\_tntive$

15   **then if** $(ici(S).no\_de\_tntive < ici(S).max\_tntives$ **and** $vrt.forme \neq \boldsymbol{ers})$

16   **or** $(ici(S).no\_de\_tntive < 5$ **and** $vrt.forme = \boldsymbol{ers})$

17   **then return true**

18   **else return false**

Un agent A transmet en point-à-point un message à la destination D en appelant la fonction TRANSMETTRE À LA DESTINATION. L'adresse de S est placée dans le champ *agent* de l'entête. Dans une implémentation, l'option Router Alert ne serait pas activée et l'entête IP ne serait suivi que de l'entête de NASP.

TRANSMETTRE À LA DESTINATION(pkt_recu)

1   CRÉATION(pkt)

2   $pkt.src \leftarrow ici(A).adresse$

3   $pkt.dst \leftarrow pkt\_recu.dst.adresse$

4   $pkt.sauts \leftarrow 0$

5   $pkt.agent \leftarrow pkt\_recu.src.adresse$

6   $pkt.type \leftarrow transmission\_vers\_dst$

7   $pkt.fonction \leftarrow ici(A).descripteur\_de\_fonction$

8   $pkt.qualité \leftarrow ici(A).qualité$

9   $pkt.no\_de\_tntive \leftarrow pkt\_recu.no\_de\_tntive$

10 $pkt.sauts\_SA \leftarrow pkt\_recu.sauts$

11 $pkt.délai\_SA \leftarrow$ HORAIRE() $- pkt\_recu.estampille$

12 $pkt.estampille \leftarrow$ HORAIRE()

13 DESTRUCTION(pkt_recu)

14 EMISSION POINT-À-POINT(pkt)

Une destination D ayant reçu une réponse d'un agent A, envoie une réponse à la source S en mode point-à-point en appelant la fonction RÉPONDRE À LA SOURCE. L'adresse de S est utilisée comme adresse *dst* et l'adresse de l'agent est finalement placée dans le champ *agent* de l'entête.

RÉPONDRE À LA SOURCE(*pkt_recu*)

1   CRÉATION(*pkt*)

2   *pkt.src* ← *ici(D).adresse*

3   *pkt.dst* ← *pkt_recu.agent.adresse*

4   *pkt.sauts* ← 0

5   *pkt.agent* ← *pkt_recu.src*

6   *pkt.type* ← *réponse_vers_src*

7   *pkt.fonction* ← *pkt_recu.fonction*

8   *pkt.qualité* ← *pkt_recu.qualité*

9   *pkt.no_de_tntive* ← *pkt_recu.no_de_tntive*

10 *pkt.sauts_SA* ← *pkt_recu.sauts_SA*

11 *pkt.délai_SA* ← *pkt_recu.délai_SA*

12 *pkt.sauts_AD* ← *pkt_recu.sauts*

13 *pkt.délai_AD* ← HORAIRE() − *pkt_recu.estampille*

14 *pkt.estampille* ← HORAIRE()

15 DESTRUCTION(*pkt_recu*)

16 EMISSION POINT-À-POINT(*pkt*)

4.3 Commentaires

Les algorithmes que nous avons décrits dans ce chapitre ont été implémentés dans le simulateur *ns-2* en C++ pratiquement à l'identique. Bien sûr ces algorithmes ne suffiraient pas à décrire les protocoles de manière exhaustive mais ils permettent déjà d'effectuer des comparaisons objectives avec le mécanisme des anneaux croissants (que nous avons aussi implémenté dans *ns-2*). Il reste un certain nombre de points à définir dans ces algorithmes, tel que la gestion de la perte des réponses des agents (l'envoi des messages n'étant pas fiabilisé) ou la gestion des liens ayant des débits asymétriques. Concernant la perte des réponses, un mécanisme de temporisation associé à une retransmission des réponses pourrait résoudre le problème. Concernant les liens asymetriques, une première stratégie serait que la cible D renvoie les paquets de réponse à l'agent (plutôt que directement à la source) qui se chargerait de les retransmettre à la source. Il serait ainsi possible d'évaluer les délais et le nombre de sauts dans le sens D-A-S. L'absence d'une cible est un point que nous n'avons pas évoqué car nous avons vu dans la première partie qu'une cible pouvait être définie dans la majorité des cas de recherche d'agent. Cependant afin de couvrir toutes les possibilités, nous pouvons proposer une diffusion circulaire (comme l'ERS) dans OMP lorsqu'aucune cible n'est définie. Notons enfin que rechercher un réalisme poussé n'est pas forcément utile dans les phases actuelles de notre étude car les simulations sont effectuées sur des graphes qui tentent de modéliser la topologie d'Internet et qui sont donc eux-mêmes sujet à caution (en particulier en ce qui concerne les caractéristiques des liens). Les objets du simulateur *ns-2* n'étant pas une représentation fidèle de la réalité, il reste à montrer comment pourrait se définir une implémentation réelle de nos algorithmes qui puisse s'intégrer dans un noeud IP (hôte ou routeur). C'est ce que nous étudions dans le chapitre suivant.

Chapitre 5

Implémentation des protocoles

Dans ce chapitre, nous expliquons comment il serait possible d'implémenter les deux protocoles OMP et NASP.

5.1 Implémentation du protocole OMP

Dans cette section nous proposons une implémentation possible de notre algorithme de diffusion orientée. Rappelons ici que nous proposons d'appeler le protocole issu de notre algorithme : Oriented Multicasting Protocol (OMP). Le protocole est très léger à implémenter et contient deux parties distinctes :

- Les mécanismes à mettre en oeuvre dans les routeurs.
- Le format de l'entête du protocole OMP.

5.1.1 Mécanismes employés dans les routeurs

Le protocole OMP sera constitué d'un code exécutable identique dans tous les routeurs. Le pseudo-code correspondant est donné dans la section 4.1. Aucune information de configuration n'est nécessaire pour ce code. Les paramètres contrôlant la variante choisie seront placés dans des champs de l'entête OMP. Cela permettra à la source de sélectionner la variante la mieux adaptée à sa situation.

Afin que les paquets possédant un entête OMP soient traités dans tous les routeurs qu'ils traversent, nous proposons d'utiliser l'option IP `Router Alert` définie dans la RFC 2113 [Kat97] combinée avec un entête OMP spécifique pouvant être atteint grâce au champ IP `Protocol Number` (comme dans RSVP [BZB+97]). L'option IP `Router Alert` permet d'alerter les routeurs de transit afin qu'ils examinent le contenu du paquet IP. Cela est utile aux protocoles qui dirigent leurs paquets vers une destination mais qui nécessitent un traitement complexe dans les routeurs situés sur le chemin. L'objectif de cette option est donc de fournir un mécanisme qui permet aux routeurs d'intercepter les paquets non adressés à eux directement sans dégrader leurs performances. L'option IP `Router Alert` à la sémantique suivante : *les routeurs devraient examiner ce paquet de plus près*. En incluant l'option IP `Router Alert` dans l'entête IP des paquets de ses messages, le protocole OMP peut provoquer l'interception du message sans pénaliser les performances de la transmission des paquets de données normaux.

```
+--------+--------+--------+--------+
|10010100|00000100|valeur - 2 octets|
+--------+--------+--------+--------+

Type:
  Copied flag: 1 (all fragments must carry the option)
  Option class: 0 (control)
  Option number: 20 (decimal)

Valeur : Une valeur codée sur deux octets signifiant :
  0 - Le routeur doit examiner le paquet
  1-65535 - Réservé
```

FIGURE 5.1 – Format de l'option IP `Router Alert`

Les routeurs qui reconnaissent cette option doivent examiner le paquet plus en détail en contrôlant le champ IP `Protocol Number` pour déterminer quel est le traitement à effectuer. En cas de normalisation du protocole OMP, il sera nécessaire de demander un numéro de protocole à l'IANA [RP94, BP00]. Donc si le numéro de protocole correspond à celui attribué à OMP alors l'entête OMP doit être traité par le code OMP s'exécutant dans le routeur. Dans les routeurs, notre protocole de diffusion multipoint orientée remplacerait le mécanisme habituel d'acheminement IP pour les paquets ayant un entête OMP (et donc se placerait au même niveau que le protocole IP).

5.1.2 Entête du protocole OMP

L'entête OMP sera identifié dans l'entête IP du paquet par une valeur donnée du champ `protocol number` combinée avec l'option `Router Alert`. La figure 5.2 illustre le contenu d'un entête OMP. Celui-ci fait 8 octets de long, ce qui constitue un surcoût de 40% par rapport à un entête IP minimal qui fait 20 octets. Cependant par rapport à la longueur totale que peut avoir un paquet IP (i.e., typiquement 512 octets), le surcoût d'OMP reste raisonnable. Comme le montre la figure 5.2, les paramètres sont inclus dans l'entête OMP. Cela permet de sélectionner une variante donnée de manière dynamique sans toucher au code s'exécutant dans les routeurs. Le coût d'inclure ces paramètres dans l'entête OMP est de 12 bits, ce qui est négligeable. L'entête OMP inclut un champ `Protocol Number` similaire à celui d'IP qui pointe sur l'entête du protocole suivant.

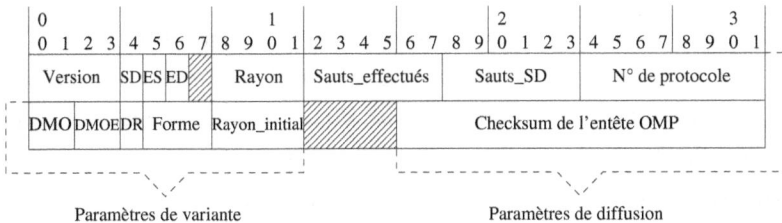

FIGURE 5.2 – Entête du protocole OMP

Les champs de l'entête OMP correspondent à ceux de l'algorithme et de la structure de donnée *vrt* contenus dans les tableaux 4.1 et 4.2 de la section 4.1. Nous donnons ici quelques précisions liées à l'implémentation :
- Version : numéro de version du protocole OMP (vaut 1).
- SD : voir tableau 4.1.
- ES : idem.
- ED : idem.

- Rayon : idem. Plage de valeurs de 0 à 15. Suffisant pour inonder l'Internet.
- Sauts_effectués : idem. Plage de valeurs de 0 à 63. Suffisant pour parcourir l'Internet.
- Sauts_SD : idem. Valeur inconnue en général.
- Numéro_de_protocole : Identifie l'entête situé après celui d'OMP.
- Checksum : Pour contrôler l'altération de l'entête. Même longueur que le checksum IP. Utilisation à confirmer.
- DMO : voir tableau 4.2. Plage de valeurs de 0 à 3, 2 valeurs définies (*rpf*, *ortho*).
- DMO_E : idem. Plage de valeurs de 0 à 3, 2 valeurs définies (*rpf*, *pp*).
- DR : idem.
- forme : idem. Plage de valeurs de 0 à 7, 3 valeurs définies (*fixe*, *variable*, *ers*).
- rayon_initial : idem. Plage de valeurs de 0 à 15. Suffisant pour inonder l'Internet.

5.2   Implémentation du protocole NASP

Dans cette section nous proposons une implémentation possible de notre algorithme de recherche dynamique d'agent au niveau réseau. Rappelons que nous proposons d'appeler le protocole issu de notre algorithme : Network-level Agent Search Protocol (NASP). Tout comme pour OMP, la description du protocole NASP se compose de deux parties distinctes :
- Les mécanismes à mettre en oeuvre dans les routeurs ou les hôtes.
- Le format de l'entête du protocole NASP.

5.2.1   Traitement dans les noeuds

Le protocole NASP sera constitué d'un code exécutable identique dans tous les noeuds (i.e., routeurs et hôtes). Le protocole NASP sera implémenté comme un protocole indépendant avec son propre entête de paquet et son propre numéro de protocole. Une autre solution serait d'implémenter OMP et NASP au dessus d'UDP [Pos80] en utilisant des numéros de port spécifiques mais nous ne la

94

détaillerons pas ici.

Selon le type de message NASP, nous aurons soit les deux entêtes OMP et NASP, soit l'entête NASP uniquement, au-dessus d'IP. La figure 5.3 illustre les mécanismes de traitement des entêtes. Dans la partie (a) est représenté le traitement d'un paquet de recherche diffusé en multipoint orienté OMP. Ce type de traitement ne peut avoir lieu que dans un routeur car eux seuls peuvent exécuter OMP. Dans l'étape (1), le routeur détecte le drapeau `Router Alert` ce qui l'oblige à examiner le champ `Protocol Number`. Dans l'étape (2), le routeur analyse le champ IP `Protocol Number` qui le renvoie au début de l'entête OMP. Dans l'étape (3), l'entête OMP indique au routeur comment diffuser le paquet et l'informe par le champ OMP `Protocol Number` sur l'identité du protocole suivant qui doit traiter le paquet. Dans l'étape (4), le routeur analyse le champ NASP du paquet. Toutes ces étapes se déroulent dans des couches de code différentes. L'étape (1) à lieu dans le code IP du routeur. Les étapes (2) et (3) se déroulent dans le code OMP et l'étape (4) à lieu dans le code NASP du routeur. Le cas (a) a lieu lorsqu'une source diffuse une requête de recherche orientée vers une destination particulière. Dans ce cas le paquet complet mesure 56 octets. Dans la partie (b) est représenté le traitement d'un paquet de réponse émis en point-à-point IP. Le drapeau `Router Alert` n'est pas activé et l'entête OMP n'est pas présent dans le paquet. Autrement dit seules la source et la destination (qui peuvent être des routeurs ou des hôtes) manipulent le paquet. Dans l'étape (1), le noeud analyse le champ IP `Protocol Number` qui le renvoie au début de l'entête NASP. Dans l'étape (2), le noeud analyse le champ NASP du paquet. Le cas (b) à lieu lorsqu'un agent transmet sa réponse vers la destination et lorsque la destination retransmet la réponse de l'agent à la source. Dans ce cas le paquet complet mesure 48 octets.

La figure 5.4 illustre le stockage des réponses des agents dans le noeud ayant lancé la recherche. A noter que sur cette figure, la longueur des champs n'est pas proportionnelle à leur longueur réelle. Chaque réponse contient un ensemble de champs définis dans le tableau 4.4 et qui sont remplis dans les champs d'une structure de donnée spécifique dès sa réception. L'ensemble des réponses est stocké sous forme de liste d'identifiants pointant chacun vers une structure (i.e., donc une réponse). Dans le cas où la recherche ne s'arrête pas dès le premier

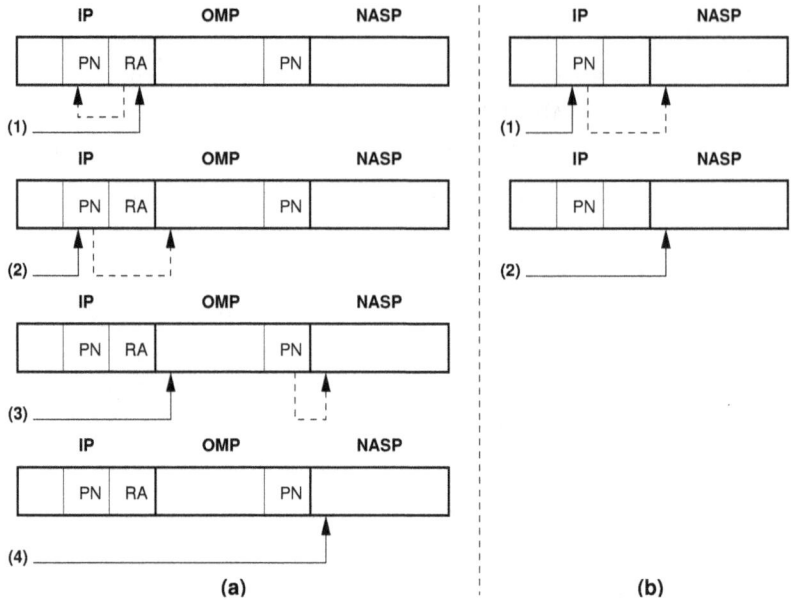

FIGURE 5.3 – Traitement d'un paquet de recherche

agent trouvé, cette liste permet au client, si plusieurs réponses sont disponibles, de sélectionner un agent en fonction du délai S-A-D, de la distance S-A-D en nombre de sauts ou encore des informations contenues dans la partie *données* du paquet (informations applicatives). En effet, l'ajout de critères applicatifs au critère de distance pourra se révéler utile pour départager des candidats à égale distance ou pour éviter de sélectionner des agents à faible distance ayant des possibilités applicatives (puissance de calcul, ressources, ...) limitées. Notons enfin que si plusieurs agents sont disponibles à distances égales, le fait que la source choisisse l'agent le plus proche d'elle ou bien le plus proche de la destination est un problème qui relève des besoins du client ayant invoqué la recherche.

5.2.2 Entête du protocole NASP

L'entête NASP sera identifié dans l'entête OMP ou IP (selon qu'il s'agisse d'une requête ou d'une réponse) du paquet par une valeur donnée du champ

96

Liste des réponses

N° de tentative	Descripteur de la fonction		Information sur la fonction		
Adresse IP de l'agent	Sauts_SD	Sauts_SAD	Délai_SD	Délai_SAD	

N° de tentative	Descripteur de la fonction		Information sur la fonction		
Adresse IP de l'agent	Sauts_SD	Sauts_SAD	Délai_SD	Délai_SAD	

N° de tentative	Descripteur de la fonction		Information sur la fonction		
Adresse IP de l'agent	Sauts_SD	Sauts_SAD	Délai_SD	Délai_SAD	

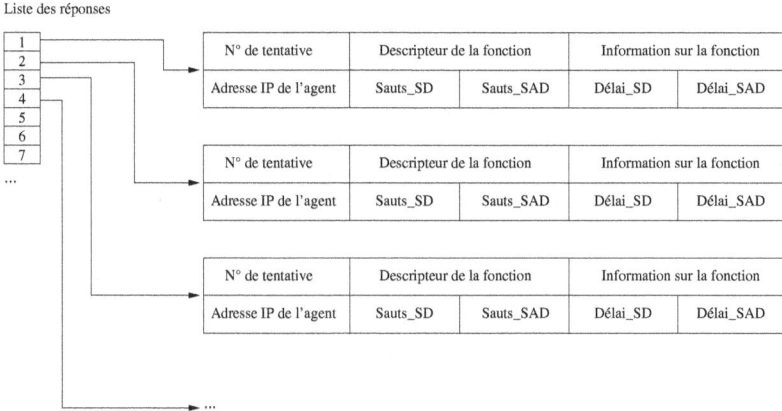

FIGURE 5.4 – Stockage des réponses des agents

Protocol Number. En cas de normalisation du protocole NASP, il sera nécessaire de demander un numéro de protocole à l'IANA [RP94, BP00]. La figure 5.5 illustre le contenu d'un entête NASP ainsi que le début de la partie *données* du paquet. Celui-ci fait 28 octets de long en supposant que le descripteur de fonction est un champ de 32 bits. Cette longueur est très proche de la longueur d'un entête IP et constitue donc une longueur raisonnable.

Nous souhaitons que le descripteur de fonction soit un code sur 32 bits représentant une famille de fonctions. L'attribution de ces codes et de leurs significations sera si possible gérée par l'IANA. La partie *données* du paquet contiendra des informations complémentaires au descripteur de fonction. Cette partie pourra être de taille variable et contenir des codes supplémentaires pour préciser la fonction exacte, un URL, un niveau de qualité associé à la fonction souhaitée (tel que celui utilisé dans l'algorithme),... Par exemple un descripteur de fonction pourrait représenter la famille des convertisseurs de flux vidéo. La partie donnée pourrait contenir un code précisant que l'agent recherché doit pouvoir convertir un flux AVI vers un flux MPEG-2. Elle pourrait aussi contenir une indication sur le débit minimum de conversion souhaité (e.g., 128 kbits/s). La partie donnée pourrait contenir un URL qui décrive le type d'agent recherché tel que le décrirait SLP, ...

Les champs de l'entête NASP correspondent à ceux de l'algorithme contenus

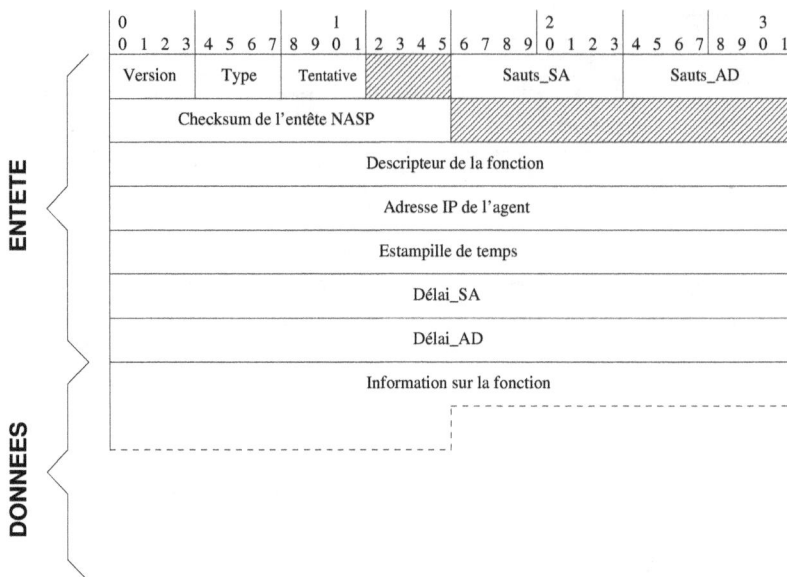

FIGURE 5.5 – Entête du protocole NASP

dans le tableau 4.3 de la section 4.2. Nous donnons ici quelques précisions liées à l'implémentation :

- Version : numéro de version du protocole NASP (vaut 1).
- Type : voir tableau 4.3. Plage de valeurs de 0 à 3, 3 valeurs définies (*requête*, *trans_vers_dst*, *réponse_vers_src*).
- Tentative : idem. Plage de valeurs de 0 à 15. Suffisant même pour une diffusion concentrique du type ERS.
- Sauts_SA : idem. Plage de valeurs de 0 à 255. Suffisant pour parcourir l'Internet.
- Sauts_AD : idem. Plage de valeurs de 0 à 255. Suffisant pour parcourir l'Internet.
- Checksum : Pour contrôler l'altération de l'entête. Même longueur que le checksum IP. Utilisation à confirmer.
- Descripteur de fonction : idem. Plage de valeurs de 0 à $2^{32}-1$. Sémantique des valeurs à définir.
- Adresse de l'agent : idem.

- Estampille de temps : idem. Champ pour un horaire avec une précision de 32 bits. N'est exploitable que si les noeuds IP sont synchronisés (e.g., par NTP).
- Délai_SA : idem. Champ pour un délai avec une précision de 32 bits. Son calcul est basé sur l'utilisation de l'estampille de temps.
- Délai_AD : idem. Champ pour un délai avec une précision de 32 bits. Son calcul est basé sur l'utilisation de l'estampille de temps.

5.3 Perspectives

Les sections précédentes ont montré qu'il est techniquement possible d'implémenter nos deux protocoles dans des noeuds IP. Les solutions que nous avons présentées sont valables dans le cadre de l'utilisation d'IPv4. Cependant l'implémentation de nos protocoles dans des noeuds IPv6 ne devrait pas poser plus de difficultés. En particulier le protocole OMP peut être implémenté au dessus d'IPv6 en remplaçant l'utilisation de l'option router alert par l'utilisation des extensions d'en-tête saut par saut (hop-by-hop header extensions) fournies par IPv6. Le choix de valeurs réalistes pour les timers de nos deux protocoles sera aussi un point délicat à résoudre étant donné le peu d'information qui existe concernant les temps de propagation sur les liens de l'Internet.

Troisième partie

Évaluation du service de recherche d'agent

Chapitre 6

Génération de topologies réseaux de type Internet

Générer une topologie réseau est le premier pas à réaliser dans la création d'un scénario de simulation d'un protocole réseau. Les résultats de simulation dépendent souvent de la topologie utilisée, particulièrement dans le cas des protocoles de routage et des protocoles multipoints. Par conséquent les topologies réseaux doivent être générées avec la plus grande précision possible. De plus les protocoles destinés à être déployés dans l'Internet devraient être testés sur des topologies réseaux ressemblant à celle d'Internet. Beaucoup de générateurs de topologies réseaux existent actuellement mais la découverte des lois puissances dans l'Internet a établi un nouveau modèle topologique. Seuls quelques générateurs sont conformes à ce nouveau modèle et pas toujours avec précision. Nous proposons une nouvelle façon de générer des topologies de type Internet. Celle-ci se base sur un algorithme qui effectue un échantillonnage sur une carte réelle d'Internet. Les topologies ainsi générées sont conformes avec la plupart des propriétés topologiques récemment découverte dans l'Internet et particulièrement celles concernant les distances.

6.1 Contexte

De nos jours, les outils de simulation sont très utilisés pour tester les protocoles réseaux. Ces outils nécessitent des topologies de réseaux en entrée. Le réalisme de ces topologies est important pour que les résultats des simulations soient cohérents. Les distances entre les noeuds ont un impact sur les délais de transmission. Le nombre de plus courts chemins entre les noeuds influe sur la fiabilité des communications. Enfin le degré des noeuds joue un rôle crucial dans la diffusion multipoint et influe sur les phénomènes d'inondation du réseau.

Une topologie de réseau est habituellement modélisée par un graphe non orienté où les sommets sont des entités de communication et les arêtes des liens de communication. Un logiciel qui crée des topologies de réseaux est habituellement appelé un générateur de graphes. Les propriétés des graphes telles que le degré moyen et le diamètre sont appelées propriétés topologiques. Nous pouvons évaluer la précision du graphe généré *vs* une carte réseau réelle en comparant les valeurs de leurs propriétés topologiques. La manière dont le logiciel construit des topologies de réseaux est appelée un modèle topologique.

L'augmentation de l'utilisation des simulateurs tels que *ns-2* ou GloMoSim nécessite une amélioration de la précision des générateurs de graphes. Lors de la conférence IEEE ICN qui a eu lieu en Juillet 2001, 4 articles sur 10 appartenant aux 2 sessions sur le multipoint ont utilisé le logiciel *ns-2* pour effectuer leurs simulations concernant des protocoles multipoints déployés (ou destinés à l'être) dans l'Internet :

- Zappala *et al.* ont utilisé le modèle de Waxman implémenté dans GT-ITM pour générer leurs graphes de 50 noeuds afin de simuler des heuristiques de placement de racines multiples pour des arbres multipoints [ZF01].
- Klöcking *et al.* ont utilisé le modèle Transit-Stub implémenté dans GT-ITM pour générer leurs graphes et *ns-2* pour effectuer leurs simulations concernant les variations de délai inter-récepteurs dans la distribution multipoint de messages d'une source vers un ensemble de serveurs [KMR01].
- Cicic *et al.* ont utilisé GT-ITM pour générer leurs graphes et *ns-2* pour simuler les mécanismes de récupération aux pannes de liens dans PIM-SM [CGK01].
- Pagani *et al.* ont utilisé des réseaux maillés de 64 noeuds et *ns-2* pour évaluer les performances (i.e., débit, délai, ...) des protocoles de diffusion multipoint gérant la QoS (QoSMIC, QoSCBT et QoSPIM) [PR01].

Or il est établi depuis 1999 que les modèles Waxman et Transit-Stub sont obsolètes en ce qui concerne la génération de topologies de type Internet. Ils ne devraient plus être utilisés. De plus effectuer des simulations sur des graphes de moins d'une centaine de sommets (deux cas ci-dessus) peut entraîner aisément des effets de bord au niveau des distances et des chemins multiples ce qui peut fausser les résultats des simulations.

Nous nous intéressons ici à des graphes de routeurs pour des simulation de protocoles destinés à un environnement IP. Nous présentons l'algorithme qu'implémente notre générateur de graphes et nous étudions ses performances en le comparant aux plus récents générateurs de graphes disponibles dans le domaine public.

6.2 Travaux précédents

L'un des plus anciens modèles topologiques fut créé par Waxman [Wax88] en 1988. Il est appelé modèle topologique plat. Les noeuds sont placés aléatoirement dans un plan euclidien sans tenir compte d'aucune hiérarchie entre les noeuds. Ce modèle fut plus tard remplacé par des modèles hiérarchiques tels que Tiers [Doa96] et Transit-Stub [ZCD97]. Ces modèles essayent de recréer la hiérarchie à plusieurs niveaux que l'on peut trouver dans Internet (e.g., hôte-routeur-Système Autonome (AS)).

La découverte des lois de puissance dans l'Internet par Faloustos *et al.* [FFF99] a entraîné la création d'un nouveau type de modèle topologique. Ce dernier, que nous avons logiquement appelé modèle topologique des lois de puissance, tente de modéliser toutes, ou une partie, des lois de puissance découvertes dans Internet. Ainsi la distribution des routeurs en fonction de leur degré (i.e., le nombre de liens incidents) obéit à une loi de puissance. A peu près la moitié des routeurs ont un degré de 1, le quart à un degré de 2 et ainsi de suite. A l'autre bout de la distribution, quelques routeurs ont des degrés très élevés. Cette propriété diffère des graphes aléatoires dans lesquels la distribution des noeuds en fonction de leur degré obéit à une loi de Poisson. Internet possède d'autres distributions (e.g., basées sur la taille des arbres, le nombre de plus courts chemins distincts, ...) qui obéissent à des lois de puissance.

Notre générateur, ainsi que tous les générateurs (du domaine public) que nous étudions ici, implémentent ce modèle. Ces générateurs sont BRITE [MMB00], PLOD [PS00], Model A [ACL00], ESF [AB00] et Inet2 [JCJ00]. Ils génèrent tous des graphes de routeurs excepté Inet2 qui est un générateur de graphes d'AS mais nous considérerons que les AS de ses graphes sont des routeurs dans notre étude. Une étude récente de Radoslavov *et al.* [RTY⁺00] fournit une analyse détaillée de topologies réelles, générées et canoniques. Les topologies générées incluent des graphes Tiers [Doa96], Transit-Stub [ZCD97] et Waxman [Wax88]. Plusieurs scénarii multipoints sont effectués sur toutes ces topologies pour examiner l'influence de la topologie d'un réseau sur la simulation d'un protocole. Malheureusement aucun générateur de type loi puissance n'est évalué. Par contre nous proposons une étude similaire dans [MP01d] restreinte à des topologies générées mais qui évalue BRITE.

Nous avons publié une étude de notre générateur dans [MP01e] et avons déposé plusieurs rapports de recherche le concernant dans [MP01f, MP01h, MP01c].

6.3 Algorithme de génération de topologies de type Internet

6.3.1 Principe

L'algorithme que nous proposons est basé sur un échantillonnage d'une carte réelle de l'Internet. Il utilise en interne une carte d'Internet créée par Govindan et al. en 1999 et disponible dans le domaine public [GT00]. Cette carte de routeurs assez imposante contient 284772 noeuds et 449228 arêtes. Notre algorithme a besoin de très peu de paramètres pour fonctionner. Il lui faut une carte de l'Internet (celle de Govindan et al. que nous fournissons), la taille (i.e. le nombre de noeuds) du graphe à générer et optionnellement le degré moyen souhaité du graphe à générer (par défaut le degré moyen de la carte de l'Internet est utilisé). L'algorithme d'extraction de sous-graphe fait appel à trois procédures qui sont détaillées plus loin.

Nous avons vu que les générateurs déjà existants utilisent diverses méthodes de création de graphes :

- le placement aléatoire qui consiste à placer les sommets de façon aléatoire et à les connecter en utilisant une fonction probabiliste liée à la distance séparant les sommets ;
- la croissance incrémentale et la connectivité préférentielle qui consistent à ajouter les sommets au fur et à mesure en les connectant de préférence à des sommets ayant un degré élevé ;
- l'ingénierie inverse (reverse engineering) qui consiste à construire une distribution appropriée des degrés des sommets du graphe puis à attribuer ces degrés aux sommets.

Nous introduisons une nouvelle façon de créer des graphes. Notre méthode utilise un algorithme qui extrait aléatoirement un sous-graphe d'une carte réseau réelle. Comme nous nous concentrons sur l'Internet, nous utilisons des cartes de l'Internet au niveau des routeurs comme entrées pour notre algorithme, cependant d'autres types de cartes peuvent être utilisées (e.g., cartes d'AS). En extrayant les sommets de façon aléatoire, nous nous assurons de la diversité des sous-graphes générés.

6.3.2 Types de données et variables utilisés dans l'algorithme

En plus des types de données usuels (e.g., entiers, réels, ...) nous utilisons deux types de données utilisateur (i.e., implémentés par des classes) décrits dans le tableau 6.1.

Par souci de simplification, l'algorithme utilise des variables globales définies dans le tableau 6.2. Celles-ci, par définition, conservent leurs valeurs entre les différents appels de fonctions de l'algorithme. Le type liste<*type*> est un conteneur typé (e.g., tel qu'on peut en trouver dans la bibliothèque STL) implémenté sous forme de liste chaînée.

L'algorithme prend comme argument la *taille* du graphe à générer ainsi que deux autres arguments qui sont définis par défaut. Ils sont détaillés dans le tableau 6.3. L'argument *degré_moyen* définit le nombre de liens désirés dans le graphe (si le degré par défaut ne convient pas). L'argument *carte* est une carte réseau de niveau routeur collectée dans l'Internet de préférence la plus

TABLE 6.1 – Définition des nouveaux types

Type	Attributs	Description
lien	routeur_initial	Référence au routeur situé au début du lien
	routeur_final	Référence au routeur situé à la fin du lien
routeur	adresse	Identifiant unique
	liens	Liste des liens du routeur
	choisi	Booléen indiquant si le routeur est déjà copié dans le graphe
	candidat	Booléen indiquant si le routeur est déjà dans la liste des candidats
	lien_choisi	Référence à un lien connectant un routeur choisi à celui-ci

exhaustive possible.

6.3.3 Spécification de l'algorithme

L'algorithme est donné ci-dessous en pseudo-code. Les méthodes objets peuvent être identifiées par la notation pointée. Ces méthodes ne sont pas expliquées car leur noms ont été choisis de façon à être explicites. La procédure principale de l'algorithme, GÉNÉRATION DU GRAPHE, prend 3 arguments définis dans le tableau 6.3.

GÉNÉRATION DU GRAPHE(*taille*, *degre_moyen*, *carte*)

1   *graphe* ← {∅}
2   *candidats* ← {∅}
3   *liens_redondants* ← {∅}
4   INITIALISATION(*carte*)
5   GÉNÉRATION D'UN ARBRE(*taille*, *carte*)
6   SÉLECTION DES LIENS REDONDANTS(*degre_moyen*, *carte*)

La figure 6.1 illustre le déroulement des opérations concernant les deux

TABLE 6.2 – Définition des variables globales

Variable	Type	Description
graphe	liste<routeur>	Le graphe généré
candidats	liste<routeur>	Une liste des routeurs candidats à être copiés dans le graphe
liens_redondants	liste<lien>	Une liste des liens candidats à être copiés dans le graphe
compteur_de_liens	entier	Indique le nombre courant de liens dans le graphe

TABLE 6.3 – Définition des arguments de l'algorithme

Argument	Type	Description
taille	entier	Le nombre souhaité de routeurs dans le graphe
carte	liste<routeur>	La carte à échantillonner
degré_moyen	réel	Le nombre de liens désirés dans le graphe

premières fonctions de l'algorithme : INITIALISATION et GÉNÉRATION D'UN ARBRE. La figure 6.1(a) représente une petite partie d'une carte à échantillonner. Dans l'étape initiale (b), le sommet 1 est choisi par tirage aléatoire (il est inséré dans le nouveau graphe). Les sommets 2 et 5 sont insérés dans la liste des sommets candidats avec pour lien choisi respectivement a et b. Dans l'étape (c), le sommet 5 est choisi par tirage aléatoire parmi les sommets de la liste des candidats. Ayant pour lien choisi b, il est inséré dans le graphe et connecté au sommet 1 par le lien b. Les sommets 4, 6 et 7 sont ajoutés dans la liste des candidats avec pour lien choisi respectivement e, f et g. Le sommet 2 étant déjà dans la liste, on ne le rajoute pas. Le sommet 2 possède un lien vers 5 (en tant que candidat, il possède déjà un lien choisi qui est a) donc on effectue un tirage aléatoire pour voir si le lien choisi change (i.e., devient d). Le tirage échoue. Dans l'étape (d), le sommet 2 est choisi par tirage aléatoire parmi les sommets de la liste des candidats. Ayant pour lien choisi a, il est inséré dans le graphe et connecté au sommet 1 par le lien a. Le sommet 3 est ajouté dans la liste des candidats avec pour lien choisi c. Le sommet 5 étant déjà choisi (donc dans le graphe), le lien d est ajouté à la liste des liens redondants afin d'être ajouté ultérieurement au graphe (après la construction de l'arbre). Dans l'étape (e), le sommet 6 a été choisi par tirage aléatoire parmi les sommets de la liste des candidats. Ayant pour lien choisi f, il est inséré dans le graphe et connecté au sommet 5 par le lien f. Le sommet 8 est ajouté dans la liste des candidats avec pour lien choisi i. Le sommet 7 étant déjà dans la liste, on ne le rajoute pas. Le sommet 7 possède un lien vers 6 (en tant que candidat, il possède déjà un lien choisi qui est g) donc on effectue un tirage aléatoire pour voir si le lien choisi change (i.e., devient h). Le tirage réussit. Dans l'étape (f), le sommet 7 a été choisi par tirage aléatoire parmi les sommets de la liste des candidats. Ayant pour lien choisi h, il est inséré dans le graphe et connecté au sommet 6 par le lien h. Le sommet 5 étant déjà choisi (donc dans le graphe), le lien g est ajouté à la liste des liens redondants. Cet algorithme nous permet d'extraire un arbre possédant un nombre de sommets égal à celui du futur graphe et de créer une réserve de liens redondants.

La procédure INITIALISATION choisit un routeur au hasard dans la carte Internet qui sera le premier routeur du futur graphe. Tous les voisins de ce routeur dans la carte Internet sont mis dans une liste de routeurs candidats et pour chacun, un champ contenant l'adresse du lien vers le routeur choisi est mis à jour (i.e. lien_choisi).

INITIALISATION(*carte*)

```
1   r, s : routeur
2   l : lien
3   for  each r ∈ carte
4       do r.candidat ← false
5          r.choisi ← false
6          r.lien_choisi ← 0
7   s ← CHOIX ALEATOIRE(carte)
8   s.candidat ← true
9   s.choisi ← true
```

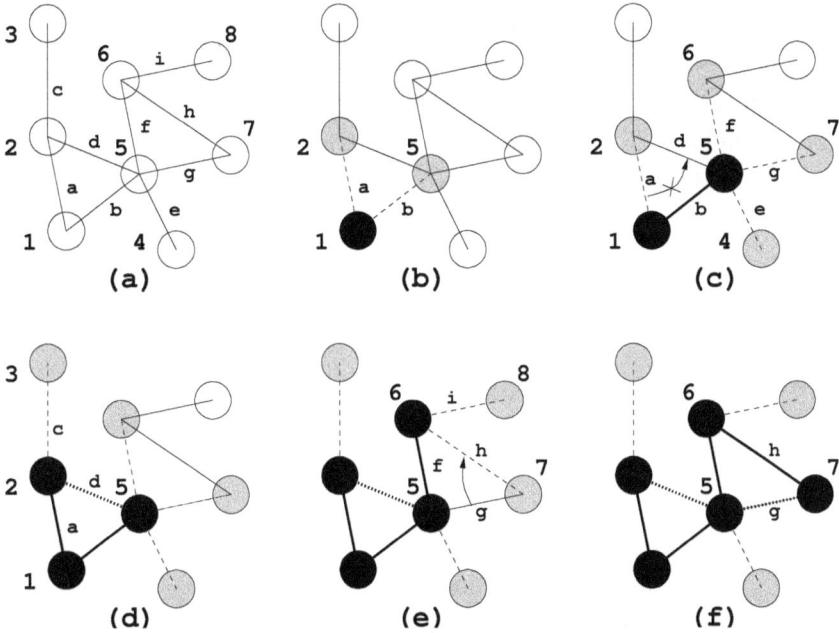

FIGURE 6.1 – Extraction d'un arbre

```
10   CREATION DE ROUTEUR(graphe, s.adresse)
11   for  each l ∈ s.liens
12       do r ← l.routeur_final
13           r.candidat ← true
14           r.lien_choisi ← l
15           AJOUT(candidats, r)
```

Notons que dans l'algorithme, le graphe est créé comme une entité séparée de la carte d'entrée. Donc les routeurs choisis sont copiés dans le graphe (en conservant la même adresse). La procédure GÉNÉRATION D'UN ARBRE sélectionne un nouveau noeud jusqu'à ce que le nombre de noeuds souhaité dans le graphe soit atteint. Le choix d'un nouveau noeud se fait comme suit : un routeur est choisi aléatoirement dans la liste des routeurs candidats. Puis tous les voisins dans la carte Internet du routeur nouvellement choisi sont ajoutés

111

dans la liste des routeurs candidats à condition qu'ils ne soient pas marqués comme étant déjà copié dans le graphe et qu'ils ne soient pas déjà dans la liste des routeurs candidats. Notons que cette technique produit un arbre ce qui garantit la connexité de notre futur graphe contrairement à d'autres algorithmes tels que l'algorithme ESF, le Model A ou PLOD.

GÉNÉRATION D'UN ARBRE(*taille, carte*)

```
1   r, s, t, u : routeur
2   l : lien
3   while graphe.taille < taille
4       do r ← CHOIX ALEATOIRE(candidats)
5          RETRAIT(candidats, r)
6          r.choisi ← true
7          s ← CREATION DE ROUTEUR(graphe, r.adresse)
8          t ← OBTENTION DE ROUTEUR(graphe,
9              r.lien_choisi.routeur_initial.adresse)
10         if LIEN EXISTE(t, s) = false
11            then CREATION DE LIEN(t, s)
12                 compteur_de_liens ← compteur_de_liens + 1
13         for each l ∈ r.liens
14             do u ← l.routeur_final
15                if u.choisi = false
16                   then if u.candidat = false
17                           then if FILTRAGE DES CANDIDATS(u) = false
18                                   then u.candidat ← true
19                                        u.lien_choisi ← l
20                                        AJOUT(candidats, u)
21                           else if NOMBRE ALEATOIRE(1, 100) > 50
22                                   then u.lien_choisi ← l
23                        else if u ≠ r.lien_choisi.routeur_initial
24                                then AJOUT(liens_redondants, l)
```

Le champ lien_choisi est utilisé par les routeurs candidats pour stocker une référence à un lien qui les connecte à un routeur choisi. Pour des raisons d'efficacité, nous ne stockons pas une liste de ces liens pour chaque noeud mais juste une entrée déterminée comme suit : si un nouveau lien_choisi est trouvé pour un candidat routeur, il remplacera son prédécesseur avec une probabilité de 50%. Si un candidat routeur est choisi, son lien_choisi est créé dans le graphe. La fonction FILTRAGE DES CANDIDATS permet d'écarter certains routeurs de la liste des candidats ce qui a pour effet d'accélérer la vitesse de l'algorithme. Cette fonction utilise deux paramètres σ et ϵ. Si la liste de candidats est petite le routeur est ajouté à la liste (afin d'éviter que la liste ne devienne vide). Sinon un tirage aléatoire est effectué et comparé à la formule qui est fonction du degré du routeur donné en argument à la fonction. La formule est étudiée de façon à diminuer les chances des routeurs possédant un haut degré d'être choisis. Ce filtre paramétré permet d'*étirer* le graphe résultant (i.e., les valeurs des propriétés concernant les distances sont plus élevées).

FILTRAGE DES CANDIDATS(r : *routeur*)

1 **if** *candidats.taille*() $< \sigma$
2   **then return false**
3 **if** NOMBRE ALÉATOIRE(1, 100) $< 100 - (r.liens.taille())^{\epsilon}$
4   **then return false**
5 **return true**

La procédure SÉLECTION DES LIENS REDONDANTS rajoute des liens au graphe un par un jusqu'à obtenir le degré souhaité. Pour ajouter des liens supplémentaires, on parcourt aléatoirement la liste des liens redondants généré par la procédure GÉNÉRATION D'UN ARBRE. Si un lien est créé, le compteur de liens est incrémenté et si le nombre de liens souhaité est atteint ou si la liste des liens redondants est vide, on quitte la procédure. La liste liens_redondants peut parfois être trop petite pour fournir assez de liens au graphe afin qu'il atteigne le degré désiré. Nous pourrions résoudre ce problème en créant des arêtes nouvelles dans le graphe qui n'existent pas dans la carte. Cependant nous n'avons pas encore implémenté cette possibilité.

SÉLECTION DES LIENS REDONDANTS(*degre_moyen*, *carte*)

1 *nombre_de_liens_maximum*, *compteur_de_liens* : *entier*

2 *r*, *s* : *routeur*

3 *l* : *lien*

4 *nombre_de_liens_maximum* ← *graphe.taille* × *degre_moyen* ÷ 2

5 **while true**

6   **do** MELANGE ALEATOIRE(*liens_redondants*)

7   *l* ← CHOIX ALEATOIRE(*liens_redondants*)

8   RETRAIT(*liens_redondants*, *l*)

9   *r* ← OBTENTION DE ROUTEUR(*graphe*,

10   *l.routeur_initial.adresse*)

11   *s* ← OBTENTION DE ROUTEUR(*graphe*,

12   *l.routeur_final.adresse*)

13   **if** LIEN EXISTE(*r*, *s*) = **false**

14   **then** CREATION DE LIEN(*r*, *s*)

15   *compteur_de_liens* ← *compteur_de_liens* + 1

16   **if** *compteur_de_liens* ≥ *nombre_de_liens_maximum*

17   **ou** *liens_redondants.taille* = 0

18   **then break**

6.4 Performances des variantes de l'algorithme

6.4.1 Méthodologie

Nous avons dans un premier temps étudié les performances de modèles considérés comme des variantes de notre algorithme. Nous avons défini quatre modèles de génération. Le premier est constitué uniquement par la première phase de notre algorithme (i.e., la création d'un arbre). Les graphes qu'il génère sont donc des arbres. C'est pourquoi nous l'appelons le modèle *arbre* (Tree). Le deuxième est constitué par la première phase de notre algorithme puis par l'ajout de toutes les arêtes existant dans la carte qui lient les sommets de la carte qui appartiennent aussi au graphe. Nous l'appelons le modèle avec *toutes les*

114

arêtes (All edges). Ces deux premiers modèles nous donnent des bornes limites quant aux performances réalisables par notre algorithme en ce qui concernent les propriétés des distances (distance moyenne, eccentricité, diamètre, ...). Le troisième modèle est constitué par notre algorithme utilisé sans la fonction de filtrage des candidats. Nous l'appelons le modèle *nem sans filtrage* (nem w/o filter). Enfin le quatrième modèle est constitué par notre algorithme tel quel. Nous l'appelons le modèle *nem avec filtrage* (nem w/ filter).

Nous avons implémenté notre algorithme (ainsi que ses variantes) dans notre outil logiciel *network manipulator (nem)* [Mag]. Celui-ci comprend un module d'analyse qui permet :

- d'analyser les aspects topologiques du graphe (e.g., centre, rayon, diamètre, ...) ([Ber62, Har69]),
- d'analyser la connexité du graphe (algorithmes de Baase [Baa88] ou de Tarjan [AHU83]),
- d'analyser les composantes biconnexes telles que les cycles, les ponts et les points d'articulations (algorithme de Hopcroft [AHU74]),
- d'analyser les plus court chemins (algorithme de Dijkstra généralisé [BB88]),
- d'analyser les arbres du graphe.

Nous avons généré 20 graphes pour chaque taille (variant de 125 à 4000) pour chaque modèle et pour chaque carte Internet de niveau routeur. Les valeurs des propriétés topologiques présentées sont égales à la moyenne des valeurs des 20 graphes calculées grâce au module d'analyse inclus dans *nem*. Notons que notre générateur met 1.7 s pour générer un graphe de 4000 sommets.

6.4.2 Résultats

Nous avons trouvé des résultats similaires pour les graphes générés à partir des trois cartes Internet. Par conséquent nous ne montrons que les résultats concernant les graphes générés depuis la carte ISI.

La figure 6.2 montre le CCA des graphes générés par le modèle 4 pour les lois puissances du degré et du rang. Tous les graphes (exceptés les graphes de 125 sommets) vérifient ces lois avec des valeurs supérieures au seuil usuel de 0.95. L'exposant du degré étant un indicateur primaire, nous donnons sur le

115

tableau 6.4 les valeurs de celui-ci. Seuls les graphes de 125 sommets sont hors de la limite de 12.5%.

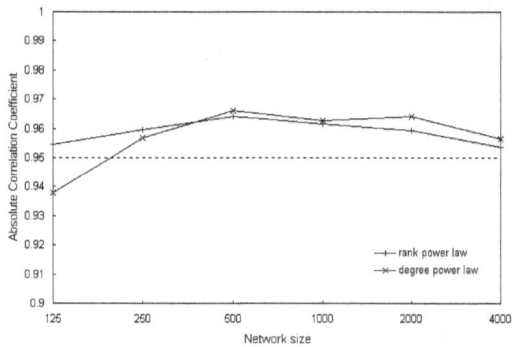

FIGURE 6.2 – CCA des lois puissances du rang et du degré des graphes générés

TABLE 6.4 – Exposants du degré des graphes générés

Taille	125	250	500	1000	2000	4000
Exposant du degré	-1.68	-2.22	-2.26	-2.33	-2.37	-2.38

La figure 6.3 démontre qu'il est possible de générer des graphes ayant la même distance moyenne (mesurée en nombre de sauts) qu'une carte 200 fois plus grande. Des valeurs adéquates pour σ et ϵ, données dans le tableau 6.5, ont permis de vérifier l'indicateur de distance moyenne pour tous les graphes de plus de 500 sommets. Pour les graphes de 500 sommets ou moins, il est très difficile d'obtenir des résultats satisfaisants car même les graphes du premier modèle (arbre) ont des faibles valeurs pour les propriétés concernant les distances.

Taille	125	250	500	1000	2000	4000
ϵ	N/A	1.9	1.9	1.8	1.5	1.4
σ	125	20	25	40	50	50

TABLE 6.5 – Paramètres de filtrage pour les graphes générés

La figure 6.4 présente un comportement similaire à la distance moyenne en ce qui concerne l'excentricité bien que l'excentricité de la carte ISI n'ait pu

116

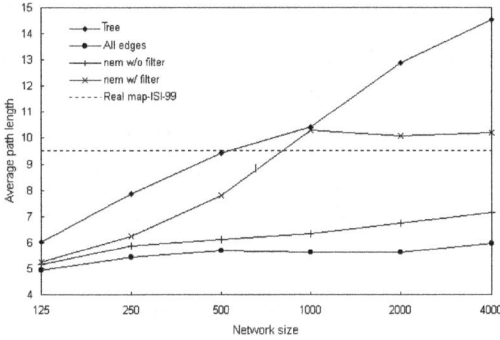

FIGURE 6.3 – Distance (en nb de sauts) moyenne des graphes générés

être atteinte. Cependant les graphes de 1000 sommets et plus générés par le quatrième modèle (nem) ont des excentricités ayant des valeurs situées dans la limite des 10% de l'excentricité de la carte ISI. Notons que les figures 6.3 et 6.4 prouvent que les valeurs des propriétés des distances des graphes de nem sont meilleures lorsque celui-ci utilise sa fonction de filtrage. De plus les graphes de nem vérifient toujours les propriétés du degré comme illustré sur la figure 6.2 et le tableau 6.4. Par conséquent notre algorithme permet d'atteindre les valeurs des propriétés des distances tout en vérifiant les propriétés fondamentales du degré et du rang.

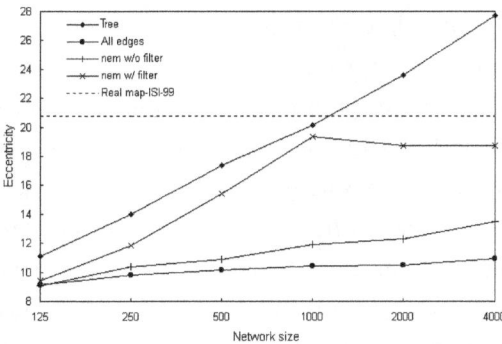

FIGURE 6.4 – Excentricité moyenne des graphes générés

117

La figure 6.5 trace le diamètre moyen des graphes de chaque modèle en fonction de la taille des graphes. Les courbes présentent un comportement similaire à celles concernant la distance moyenne et l'excentricité. Le modèle nem est capable de générer des graphes ayant un diamètre s'approchant de celui mesuré dans les cartes de routeurs (environ 75% de ce dernier). Rappelons toutefois que le diamètre n'est pas un indicateur (car il n'est pas défini par une moyenne de valeurs).

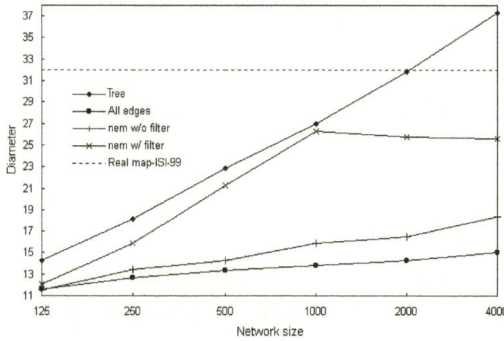

FIGURE 6.5 – Diamètre moyen des graphes générés

Ces résultats permettent de conclure que les propriétés des distances (distance moyenne, excentricité, diamètre, ...) ne sont pas corrélées à la taille des graphes lorsque celle-ci est supérieure à un seuil situé autour de 1000 sommets. Nous sommes en mesure de générer des graphes d'un ordre cent fois plus petit que les cartes ayant servi à les générer et qui possèdent pratiquement les mêmes valeurs concernant les propriétés des distances. La métrique *nombre de sauts* étant plus facile à mesurer que la métrique *délai*, elle peut avoir un rôle à jouer dans les protocoles de routage gérant la qualité de service. Les travaux de Jia *et al.* ont prouvé que l'utilisation de la métrique *nombre de sauts* dans la gestion des chemins multiples calculés par un protocole de routage par état des liens produit les meilleures performances [JNG01]. Enfin nous remarquons que la fonction de filtrage est importante pour notre générateur car elle augmente la précision des distances (i.e., elles sont plus proches des cartes réelles) dans les graphes générés ainsi que la vitesse de génération.

118

6.5 Logiciel *network manipulator*

L'algorithme de génération de graphes de type Internet présenté au chapitre précédent a été implémenté dans un logiciel que nous avons développé. Nous l'avons appelé *network manipulator* (*nem*) car il permet d'analyser, de convertir et de générer des graphes qui représentent des topologies réseaux. Il est constitué de plus de 8000 lignes de code ISO C++ et peut être compilé sous UNIX ou Windows. Nous l'avons mis à la disposition de la communauté scientifique et il peut être gratuitement téléchargé et utilisé. Il se trouve à l'adresse suivante :

http ://www.labri.fr/perso/magoni/nem/

L'archive contient le code source, la documentation détaillée du logiciel ainsi que des explications de mise en route.

6.5.1 Architecture

La figure 6.6 illustre l'architecture de *nem*. Il ne fonctionne qu'avec des fichiers de commandes. Un fichier process contient une liste de tâches à effectuer. Si on utilise des graphes existants, ceux-ci sont chargés en mémoire dans une structure de données propre à *nem*. Si on génère des graphes, un fichier specif détaille les paramètres servant à générer les graphes souhaités. Les graphes générés sont aussi stockés en mémoire dans une structure de données propre à *nem*. Ensuite l'utilisateur peut soit convertir un graphe en mémoire vers le format qu'il souhaite, soit effectuer une analyse topologique du graphe, soit les deux. Le module de simulation statique a été utilisé pour réaliser les premières simulations des protocoles OMP et NASP mais il n'est plus d'actualité et a été retiré de la distribution de *nem* car il était spécifique à nos travaux et il ne se serait pas révélé utile à un usage généralisé (il est trop limité par rapport à *ns-2*). Le module de conversion permet entre autres de produire des graphes au format défini par *ns-2* et des graphes au format défini par GT-ITM. Cela permet à ceux qui utilisent ces logiciels très populaires de pouvoir utiliser notre module de génération de graphes en conjonction avec eux. Une spécification UML de *nem* est en cours de réalisation.

119

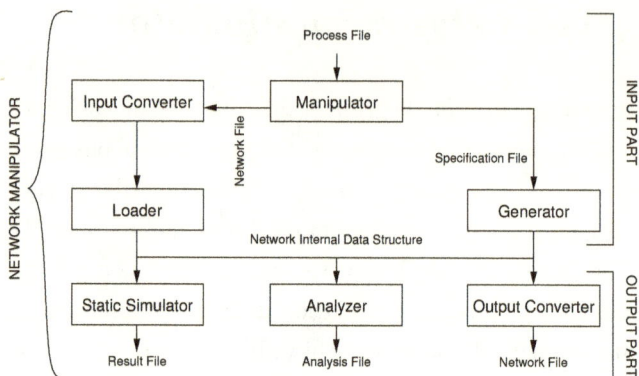

FIGURE 6.6 – Architecture de *nem*

6.5.2 Module d'analyse

nem contient un module d'analyse topologique de graphes. Ce module calcule les valeurs des propriétés concernant les degrés (e.g., degré moyen, degré maximum, ...), les distances (e.g., distance moyenne, excentricité, diamètre, rayon, ...), le nombre de plus courts chemins, la connexité, ... En particulier, dans le cas ou le graphe est non-orienté (ce qui est le cas le plus fréquent dans nos simulations actuelles) *nem* analyse aussi les composantes biconnexes du graphe. La figure 6.7 illustre pour mémoire les divers types d'éléments biconnexes que l'on peut rencontrer.

- Les *points d'articulation* sont cerclés. Par définition le retrait d'un sommet qui est un point d'articulation brise la connexité du graphe.
- Les *ponts* sont marqués par deux petits traits parallèles. De même que précédemment, le retrait d'une arête qui est un pont brise la connexité du graphe.
- Les *composantes biconnexes* sont entourées par des pointillés. Le retrait d'un sommet dans une composante biconnexe ne brise pas la connexité de cette composante. L'étude de la biconnexité d'un graphe est intéressante pour analyser les propriétés de fiabilité du réseau correspondant à ce graphe. On a ainsi pu constater que la plus grosse partie du maillage de l'Internet est biconnexe. Dans la majorité des cas, la panne d'un noeud

120

ne rompra donc pas la connexité du maillage. Étudier la 3-connexité d'un graphe est beaucoup plus difficile que la biconnexité.

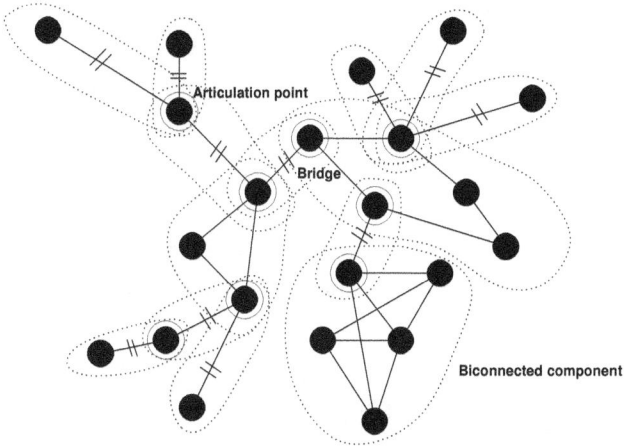

FIGURE 6.7 – Éléments de biconnexité

6.6 Comparaison des performances des générateurs de topologies de type Internet

Dans cette section nous fournissons une étude comparative de six générateurs de topologies de type Internet. Les cinq premiers sont parmi les générateurs de topologies les plus récents et le sixième est notre générateur *nem* que nous avons présenté en détail dans la section précédente. Tous tentent de générer des topologies qui vérifient les lois puissances récemment découvertes dans la topologie d'Internet. Nous évaluons la précision de ces générateurs en mesurant certaines propriétés topologiques des graphes qu'ils génèrent et en les comparant avec les indicateurs que nous avons défini dans notre article concernant l'étude de la topologie des cartes de l'Internet au niveau routeur [HM03]. Nous essayons d'évaluer leurs qualités et leurs défauts et nous proposons une grille de notation pour tous ces générateurs.

121

6.6.1 Présentation des générateurs évalués

Nous présentons ici les six générateurs que nous évaluons. Ils appartiennent en gros à trois catégories. La première catégorie contient les générateurs qui créent des graphes de façon incrémentale (BRITE, ESF et Model A). La seconde contient les générateurs qui créent des graphes par ingénierie inverse : ils construisent une distribution des degrés vérifiant la loi puissance des degrés et génèrent le graphe ensuite (Inet2.x et PLOD). La troisième catégorie contient les générateurs qui créent des graphes par échantillonnage d'une carte réelle (*nem*). Le tableau 6.6 donne des informations concernant ces générateurs. La colonne réf. (i.e., référence) indique dans quel article se trouve la description du générateur. Notons qu'ils ont tous été créés récemment (en 1999 ou plus tard).

TABLE 6.6 – Générateurs de topologies de type Internet

Nom du générateur	Auteurs	URL	Réf.
BRITE	Medina *et al.*	www.cs.bu.edu/faculty/matta/ Research/BRITE/brite.tar.gz	[MMB00]
Extended Scale Free model (ESF)	Albert *et al.*	www.nd.edu/ networks	[AB00]
Inet v2.1	Jin *et al.*	topology.eecs.umich.edu/inet/ inet-2.1.tar.gz	[JCJ00]
Model A	Aiello *et al.*	www.math.ucsd.edu/ llu/ model1/degree.C	[ACL00]
network manipulator (nem)	Magoni *et al.*	www-r2.u-strasbg.fr/~magoni/ nem-0.95.tar.gz	[MP01e]
Power Law OutDegree model (PLOD)	Palmer *et al.*	www.cs.cmu.edu/ crpalmer/ pubs/gen.c	[PS00]

6.6.2 Paramètres des générateurs

Les paramètres utilisés dans le processus de génération des graphes sont donnés dans le tableau 6.7 pour chacun des six générateurs. Lorsqu'un paramètre varie avec la taille des graphes, les cinq valeurs (une pour chaque taille par ordre croissant de taille) sont entourées par des accolades. Lorsqu'un générateur a besoin de définir un nombre d'arêtes, celui-ci est calculé en multipliant le nombre de sommets (i.e., la taille du graphe) par 1.42 car cette valeur est un facteur

122

typique mesuré dans les cartes d'Internet. Cependant ce facteur n'est pas un invariant car la distribution des degré de l'Internet est biaisé et par conséquent le degré moyen n'est pas un indicateur valide. Donc le degré moyen final d'un graphe n'est pas crucial tant qu'il se trouve entre 2 et 4. La signification des paramètres est disponible dans les articles dont la référence est donnée dans la dernière colonne du tableau 6.7. En ce qui concerne BRITE, nous avons choisi $m = 2$ car cela donne les meilleurs résultats. En fait les graphes générés avec $m = 1$ sont des arbres. Cela est expliqué par les auteurs de BRITE qui précisent que pour $m = 1$, chaque nouveau sommet n'est connecté qu'avec un seul lien. De plus les graphes créés avec $m = 3$ ont des propriétés dont les valeurs sont plus mauvaises que celles de $m = 2$. Concernant ESF, nous avons choisi $m = 1$ car les graphes générés avec $m > 1$ ont des propriétés ayant de moins bonnes valeurs. Comme Inet2.1 n'est pas capable de générer des graphes de taille inférieure à 3037 sommets, nous n'avons créé que des graphes Inet2.1 de 4000 et 8000 sommets.

TABLE 6.7 – Valeurs des paramètres de génération de chaque générateur

Commun	Nombre de sommets = {500, 1000, 2000, 4000, 8000}, Nombre d'arêtes (si applicable) = 1.42 × Nombre de sommets
BRITE	HS = 1000, LS = 100, m = 2, Placement des sommets = Aléatoire, Connectivité préférentielle = seulement, Croissance incrémentale = active
ESF	m0 = 3, m = 1, p = 0.15, q = 0.30
Inet2.1	% de sommets de degré 1 = 0.40, Taille du plan = 10000, Racine = Aléatoire(0, 63)
Model A	Probabilité d'ajout d'arêtes = 0.50
nem	Source = scan+lucent, Degré moyen = {2.5, 2.7, 2.6, 2.5, 2.5}, $\epsilon = 1$, σ = {N/A,off, 10, 10, 5, 5}
PLOD	M = 1.42 × N, α = 0.75, β = {140, 300, 350, 550, 900}

6.6.3 Méthode d'évaluation

Nous avons généré 10 graphes de chaque taille (de 500 à 8000 sommets) pour chaque générateur soit un total de 300 graphes. La plage de variation de la taille devrait donner une bonne vision de l'effet d'échelle sur les propriétés des graphes générés. Dans la section 6.4 nous avons cherché à trouver la taille minimale des graphes ayant des valeurs acceptables pour les propriétés concernant les distances, d'où une plage de tailles variant de 125 à 4000 sommets. Nous avons trouvé que cette taille minimale se situe entre 500 et 1000 sommets. C'est pourquoi nous utilisons ici une plage de tailles débutant à 500 sommets. Nous n'allons pas au-delà de 8000 sommets pour des raisons de puissance de calcul et parce que peu de simulateurs réseaux sont à même de manipuler de tels graphes. Bien que les chercheurs puissent avoir besoin de graphes plus petits que 500 sommets (i.e., à cause de simulations gourmandes en ressources), il est très difficile pour ces générateurs de générer de très petits graphes étant donné que les lois puissances n'apparaissent (i.e., ne sont vérifiées) qu'avec des grands nombres de sommets. Pour chacun des 300 graphes, nous avons calculé les valeurs des 15 indicateurs définis dans [HM03]. Pour chacune des tailles, la valeur présentée sur les figures est égale à la moyenne des valeurs des indicateurs de chacun des 10 graphes.

6.6.4 Performances

Cette section contient une analyse des valeurs des indicateurs mesurées dans les graphes générés.

6.6.4.1 Indicateurs discriminants

Parmi les 15 indicateurs analysés, 7 d'entre eux ont été vérifié par tous les graphes de toutes tailles. Ces indicateurs sont le CCA du rang, le CCA du rang des paires, le CCA du NCD, le CCA du rang du maillage, le CCA du degré du maillage, le CCA du rang des paires du maillage et le CCA du NCD du maillage. Par conséquent nous ne les détaillons pas ici. Les 8 indicateurs restant n'ont pas été vérifié par tous les graphes de toutes tailles et ils peuvent donc être utilisés pour attester la précision des générateurs. Nous les appelons les indicateurs *discriminants*. Les sections suivantes décrivent leurs valeurs. Ils ont été groupés en quatre catégories (degré, distance, maillage et arbres).

6.6.4.2 Propriétés des degrés

La figure 6.8 montre le CCA du degré des graphes. Cet indicateur mesure la conformité de la distribution des degrés du graphe à la loi puissance du degré (i.e., étant la 2ème loi puissance de Faloutsos *et al.*). Seul BRITE ne vérifie pas cette loi puissance. Nous avons examiné des échantillons de distributions des degrés des graphes BRITE 2 (i.e., avec $m = 2$). Voici un exemple du début d'une distribution des degrés d'un graphe BRITE 2 de 8000 sommets :

Degré	Fréquence	Fréquence en %
1	3	0.0375
2	3952	49.4
3	1627	20.3375
4	780	9.75
5	441	5.5125
..	..	..

Ce sont les quelques sommets de degré 1 qui font que ce graphe ne vérifie pas la 2ème loi puissance. Ces quelques sommets de degré 1 apparaissent dans tous les graphes BRITE 2 quels que soient leur taille. Nous avons vérifié que BRITE, contrairement aux autres générateurs, génère des graphes qui possèdent une distribution des degrés qui débute à m au lieu de 1 (lorsque $m > 1$). Quelques sommets de degré inférieur à m font que les graphes BRITE 2 ne vérifient pas la 2ème loi puissance.

La figure 6.9 illustre l'exposant du degré des graphes. Cet indicateur mesure la pente de la droite donnée par la méthode des moindres carrés sur le tracé à échelle log-log de la distribution. Tout comme une moyenne décrit de façon concise une distribution gaussienne, l'exposant décrit de façon concise une distribution obéissant à une loi puissance. Comme les graphes BRITE 2 ont des CCA inférieurs à 0.95, aucun exposant n'est calculé pour ces graphes et ils n'apparaissent pas dans la figure 6.9. Les valeurs de la plupart des graphes sont autour du seuil mais seuls les graphes ESF et nem paraissent atteindre la

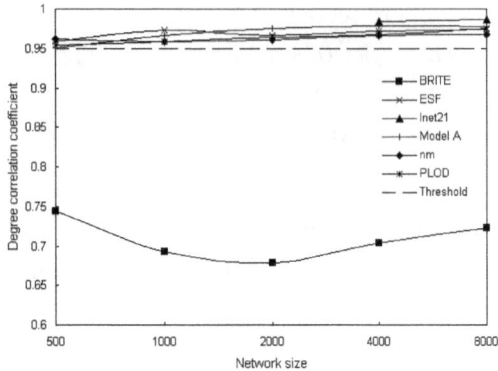

FIGURE 6.8 – CCA du degré des graphes générés

valeur cible lorsque la taille des graphes est assez grande. Les graphes PLOD ne vérifient pas cet indicateur.

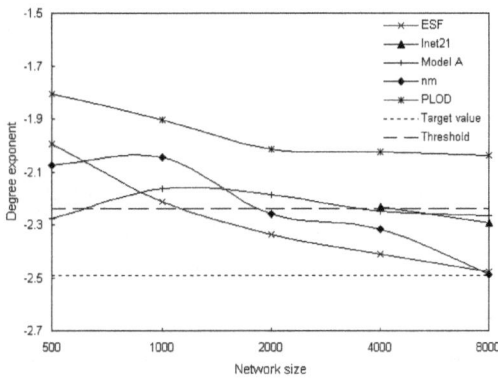

FIGURE 6.9 – Exposant du degré des graphes générés

6.6.4.3 Propriétés des distances

La figure 6.10 montre la distance moyenne des graphes. Seuls les graphes *nem* sont proches de la distance moyenne mesurée dans les cartes Internet. Les graphes PLOD réussissent à dépasser le seuil minimum. Tous les autres graphes ne modélisent pas correctement la distance moyenne. Notons que cette propriété est très importante car le nombre de sauts est l'une des rares métriques pouvant être mesurée et exploitée par les protocoles IP de routage et de transport.

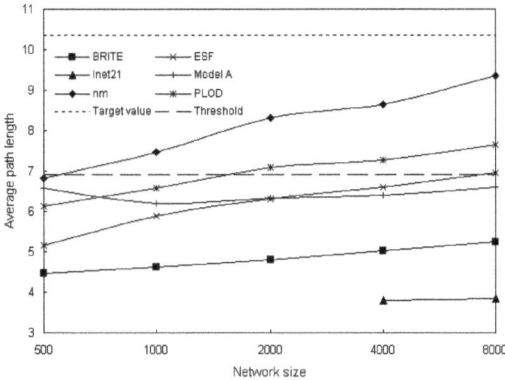

FIGURE 6.10 – Distance (nb de sauts) moyenne des graphes générés

La figure 6.11 montre l'excentricité moyenne des graphes. Tous les graphes ont des difficultés à atteindre la valeur cible de l'indicateur. Cependant les graphes PLOD, *nem* et Model A réussissent à atteindre ou à dépasser le seuil minimum. Les autres graphes sont bien en dessous de celui-ci et donc leurs sommets ne sont pas autant dispersés que dans une carte Internet réelle.

6.6.4.4 Propriétés du maillage

La définition donnée dans [MP01b] nous dit qu'un sommet maillé est un sommet qui appartient à un cycle ou se trouvant sur un chemin qui relie deux cycles. L'ensemble des sommets maillés d'un graphe forme le maillage de ce graphe. Le maillage est important car c'est la zone où peuvent être trouvées les arêtes redondantes du graphe. Modéliser le maillage avec précision a un impact crucial sur le nombre (multiple) de plus courts chemins ou le nombre de chemins alternatifs. La figure 6.12 montre l'exposant du degré du maillage des graphes. PLOD et Model A sont hors de la zone seuil et donc ils ne vérifient pas cet indicateur.

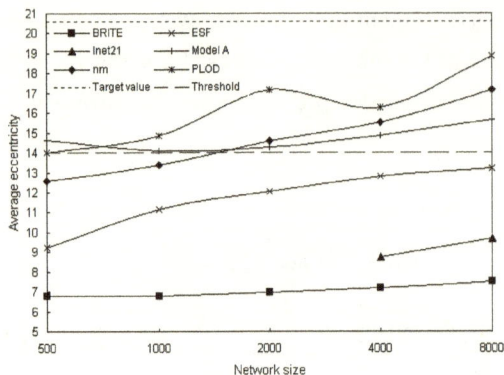

FIGURE 6.11 – Excentricité des graphes générés

La figure 6.13 montre la distance moyenne du maillage des graphes. Les graphes *nem* sont proches de la valeur cible surtout lorsque la taille des graphes augmente. Tous les autres graphes sont en dessous du seuil minimum de cet indicateur (excepté les graphes ESF de 8000 sommets) et donc ils ne vérifient pas cet indicateur.

6.6.4.5 Propriétés des arbres

Ci-dessus nous avons rappelé la définition du maillage. La forêt est simplement l'ensemble des sommets du graphe qui n'appartiennent pas au maillage. Ces sommets sont situés dans des arbres et l'union de tous ces arbres forme la forêt. Les arbres sont connectés au maillage par des sommets spéciaux nommés racines. Nous considérons que les racines appartiennent au maillage. Comme les arbres sont sensibles aux pannes de liens, il est important de les modéliser avec précision. Nous n'avons pas illustré le CCA du rang des arbres car tous les graphes le vérifient (i.e., ont des valeurs supérieures à 0.95), exceptés les graphes BRITE. En fait les graphes BRITE n'obéissent ni à la loi du rang des arbres et ni à celle de la taille des arbres car presque 100% de leurs sommets sont dans leurs maillages. Nous ne pouvons donc pas utiliser la méthode des moindres carrés pour calculer le CCA du rang des arbres et celui de la taille des arbres. La figure 6.14 montre le CCA de la taille des arbres des graphes (ex-

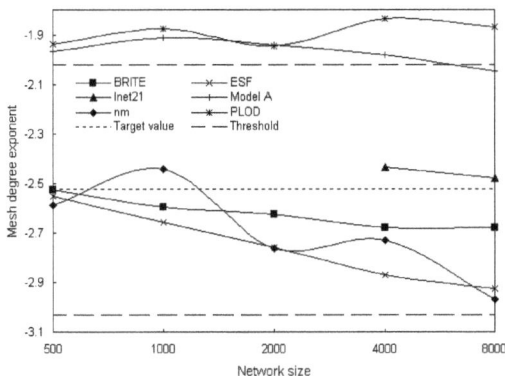

FIGURE 6.12 – Exposant du degré du maillage des graphes générés

cepté les graphes BRITE comme expliqué précédemment). Les graphes Model
A n'atteignent pas le seuil de cet indicateur et les graphes PLOD sont juste à
la limite de ce seuil. Les autres graphes sont tous au dessus du seuil, exceptés
les graphes *nem* de 500 sommets et les graphes ESF de 1000 sommets.

6.6.4.6 Synthèse des évaluations

Bien qu'il n'y ait que 8 indicateurs discriminant, cela fait déjà beaucoup
de valeurs à comparer. Nous avons essayé de résumer les résultats dans le tableau 6.8. Nous utilisons un système d'évaluation rudimentaire. Si les graphes
d'un générateur vérifient un indicateur avec 5 tailles de graphes ou 4 tailles
de graphes et 1 taille ayant une valeur proche du seuil, nous considérons le
test *vs* l'indicateur comme un succès. Si les graphes d'un générateur vérifient
un indicateur pour 3 tailles de graphes et 2 tailles ayant une valeur proche du
seuil, nous considérons le test *vs* l'indicateur comme limite. Dans les autres cas
nous considérons le test *vs* l'indicateur comme un échec. Le tableau 6.8 nous
indique quel générateur modélise avec succès un indicateur (invariant topologique) donné. Pour comparer les générateurs de manière plus synthétique, nous
avons défini un système de notation. Un indicateur primaire passé avec succès
vaut 3 points, un indicateur primaire passé limite ou un indicateur secondaire
passé avec succès vaut 2 points et un indicateur secondaire passé limite vaut 1

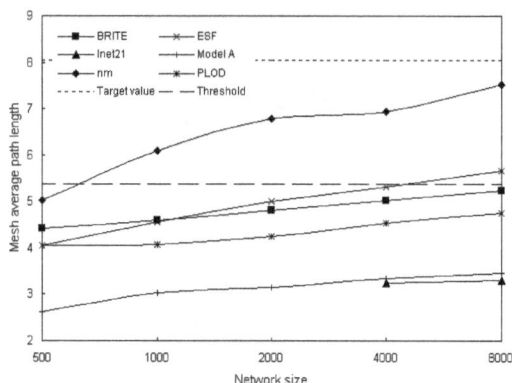

FIGURE 6.13 – Distance moyenne du maillage des graphes générés

point. Les résultats sont donnés à la dernière ligne du tableau 6.8. Nous voyons que *nem* a la meilleure note, ESF, Inet2.1, Model A et PLOD ont des notes similaires et BRITE est en dessous des autres. Cela montre que par rapport aux 15 indicateurs étudiés, les graphes *nem* sont très proche d'une topologie Internet typique de niveau routeur particulièrement en ce qui concerne les propriétés des distances.

TABLE 6.8 – Évaluation globale des générateurs

Indicateur	BRITE	ESF	Inet2.1	Model A	nem	PLOD
Indic. non discriminant	succès	succès	succès	succès	succès	succès
CCA du degré	échec	succès	succès	succès	succès	succès
Exposant du degré	échec	limite	limite	limite	limite	échec
Distance moyenne	échec	échec	échec	échec	succès	limite
Excentricité moyenne	échec	échec	échec	succès	limite	succès
Exposant du degré du maillage	succès	succès	succès	échec	succès	échec
Distance moyenne du maillage	échec	échec	échec	échec	succès	échec
CCA du rang des arbres	échec	succès	succès	succès	succès	succès
CCA de la taille des arbres	échec	succès	succès	échec	succès	limite
Note globale	23	33	33	31	38	31

Créer un générateur de topologies de réseaux similaires à la topologie d'Internet n'est pas une tâche facile [PF97]. Les graphes générés doivent obéir à beaucoup de lois et les valeurs de leurs propriétés topologiques doivent être

130

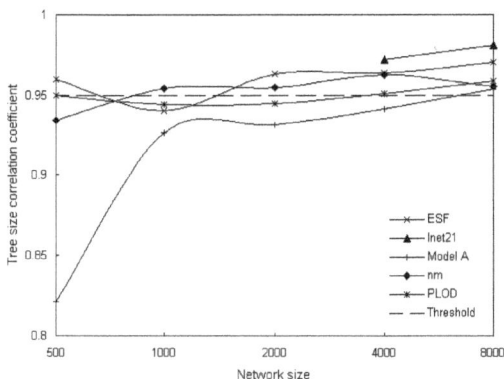

FIGURE 6.14 – CCA de la taille des arbres des graphes générés

proches de celles d'Internet. S'assurer que les distributions importantes (des degrés, ...) suivent les lois gaussiennes ou puissances (selon les cas) avec précision est déjà un grand pas vers la ressemblance de la topologie d'un graphe avec une carte Internet. En particulier nous pensons que les indicateurs provenant de la distribution de la taille des arbres et de celle de la distance moyenne sont très intéressants pour attester la précision d'un graphe généré de type Internet.

La précision de notre générateur, basé sur l'algorithme présenté dans ce chapitre, est grande particulièrement en ce qui concerne les propriétés des distances et il produit des graphes relativement réalistes. Les résultats des mesures nous montrent qu'il est aussi voire plus précis que les générateurs les plus récents. Nous espérons qu'il sera utile à la communauté scientifique dans le domaine de la simulation de protocoles destinés au réseau Internet.

Chapitre 7

Simulations des protocoles OMP et NASP

Nous avons simulé notre protocole de recherche d'agent au niveau réseau ainsi que notre protocole de diffusion multipoint orientée sous-jacent afin de les comparer à l'ERS. L'implémentation a été réalisée dans le *network simulator (ns-2)* [pro] du LBNL sur des graphes de type Internet générés par notre *network manipulator (nem-0.95)* [Mag] développé au LSIIT. Nous avons publié des études préliminaires de nos travaux sur OMP et NASP dans [MPPG00, MP01a, MP01g, MP02].

7.1 Topologies réseaux utilisées

Nous avons effectué des simulations sur des topologies réseaux modélisées par des graphes. Les graphes représentent des réseaux de routeurs IP. Chaque sommet est un routeur et chaque arête est un lien IP entre deux routeurs. Nous ne considérons pas les machines hôtes (e.g., stations de travail, serveur, ...) pour l'instant. Nous avons utilisé une distribution normale pliée (folded normal) des probabilités, illustrée sur la figure 7.1, pour attribuer les délais sur les liens. La formule qui donne la probabilité $P(x)$ pour qu'un lien ait un délai x (en ms) est :

$$P(x) = \frac{1}{B}\sqrt{\frac{2}{\pi}}\cosh\left(\frac{Ax}{B^2}\right)\exp\left(-\frac{1}{2}\frac{x^2 + A^2}{B^2}\right)$$

Avec $A = 15$ et $B = 10$. Les valeurs de délai possibles varient de 1ms à 100ms avec la probabilité la plus forte située autour de 15ms. Ce choix est empirique mais le fait de prendre une valeur constante de délai pour tous les liens aurait donné les mêmes résultats que l'utilisation de la métrique *nombre de sauts* et nous voulions distinguer les deux métriques. Nous supposons que les liens sont bidirectionnels et symétriques (les valeurs de délai sont identiques dans chaque direction d'un lien). Les graphes ont été créés en utilisant notre générateur de to-

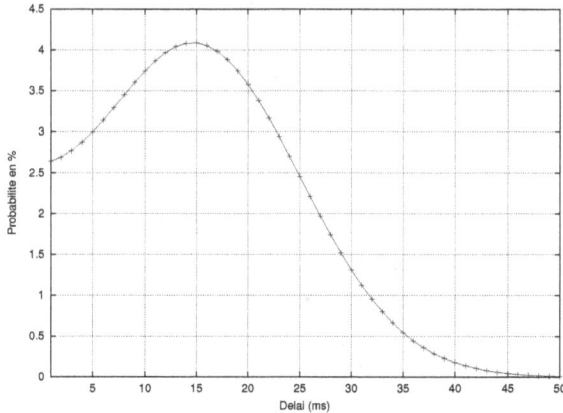

FIGURE 7.1 – Distribution des probabilités sur les délais des liens

pologies de type Internet *network manipulator (nem-0.95)*. C'est un logiciel que nous avons créé et rendu disponible gratuitement sur le Web [Mag]. Son processus de génération de réseaux est décrit à la section 6.3 ainsi que dans [MP01e] et une comparaison de ces performances avec d'autres générateurs récents se trouve à la section 6.6 ainsi que dans [MP01c].

Les paramètres utilisés pour la création des graphes sont donnés dans le tableau 7.1. Ils ont été choisi de façon à générer des graphes ayant des propriétés topologiques similaire au niveau routeur de l'Internet.

Le tableau 7.2 contient les valeurs des moyennes des propriétés des 20 graphes que nous avons générés et utilisés dans nos simulations. La terminologie utilisée se trouve dans [PG98, FFF99, MP01b]. La distribution moyenne des degrés des graphes obéit aux 1ère et 2ème lois puissances définies par Faloutsos *et*

TABLE 7.1 – Paramètres du générateur réseau *nem*

Nom du paramètre	Valeur
Méthode de génération	Échantillonnage de carte
Carte source	scan+lucent_99
Exposant du filtre (ϵ)	0.9
Taille du filtre candidat (σ)	10
Degré moyen	2.65

al. dans [FFF99]. La distance moyenne, l'excentricité, le rayon et le diamètre ont des valeurs un peu en dessous de celles mesurées dans les cartes Internet mais il est très difficile de faire mieux sans pouvoir augmenter la taille des graphes. Enfin les distributions de la taille des arbres et du nombre de plus courts chemins distincts obéissent aux lois puissances 4 à 7 définies dans [MP01b].

TABLE 7.2 – Propriétés des graphes réseaux générés par *nem*

Propriété	Valeur moyenne
Nb de sommets	1000
Nb de sommets du maillage	357.6
Degré moyen des sommets	2.7
CCA du degré	0.97
CCA du rang	0.96
Distance moyenne	7.3
Excentricité moyenne	13.0
Diamètre	17.1
Rayon	9.2
Nb d'arbres	155.6
CCA de la taille des arbres	0.95
CCA du rang des arbres	0.98
CCA du nb de plus courts chemins distincts	0.95
CCA du rang des paires	0.98

7.2 Paramètres des simulations

Les paramètres des simulations sont donné dans le tableau 7.3. Les agents ont été choisi aléatoirement dans chaque graphe jusqu'à hauteur de $x\%$ de tous les sommets avec x prenant pour valeurs 1, 2, 4 et 8. Cela signifie que les agents sont relativement épars ce qui est une hypothèse de notre algorithme. En effet si les agents sont nombreux (i.e., plus que 8% de tous les sommets/routeurs) notre algorithme devient moins intéressant car il est alors trivial de trouver un agents dans de telles conditions. De plus le placement des agents peux ne pas représenter la réalité. La localisation des agents dépendra probablement du type de protocole ou d'application utilisant le service de recherche. Nous avons effectué une simulation pour chaque variante (plus l'ERS), pour chaque $max\_tntives$, pour chaque paire source-destination (chaque paire est choisie aléatoirement parmi toutes les paires exceptées les paires propres), pour chaque % d'agents et pour chaque graphe soit un total de 420000 simulations. Les résultats de ces simulations ont été synthétisés pour donner les résultats présentés dans la section suivante.

TABLE 7.3 – Paramètres des simulations

Nom du paramètre	Valeur(s)
Nb de réseaux *nem* générés	20
Nb de paires source-destination testées par réseau	250
Nb de variantes testées par paire source-destination	10
Pourcentage d' agents	1, 2, 4, 8
max_tntives	2, 3

Le tableau 7.4 contient les valeurs des paramètres correspondant aux 10 variantes qui ont été testées. Toutes les variables de la première colonne sont des champs de la structure de données *vrt* utilisée dans notre algorithme de diffusion multipoint orientée. Les explications des valeurs possibles de ces variables ont déjà été données dans le tableau 4.2. Dans le tableau 7.4 la valeur du *rayon_init* n'est pas donnée parce qu'elle dépend du numéro de tentative. Dans les simulations, le nombre maximum de tentatives ($max\_tntives$) autorisé est 2 ou 3 pour les variantes et 5 pour l'ERS. La valeur *rayon_init* est égale au numéro de tentative courant ce qui signifie que la valeur maximum de *rayon_init* est 2 ou 3 pour les variantes et 5 pour l'ERS. Pour l'ERS, le *rayon_init* (i.e., TTL initial) est incrémenté de 1 pour chaque tentative tant qu'aucun agent n'est trouvé, en commençant à 1 jusqu'à 5. Pour toutes les variantes, le *rayon_init* est incrémenté de 1 en commençant à 1 jusqu'à *max_tntives*.

Notons que les variantes n et $n+5$ sont identiques excepté pour leur valeur du paramètre *forme*. Pour des raisons d'espace, nous les avons placé dans la même colonne.

TABLE 7.4 – Valeurs des paramètres des variantes étudiées

Variante	1/6	2/7	3/8	4/9	5/10
dmo	*ortho*	*rpf*	*rpf*	*rpf*	*rpf*
dmo_E	N/A	*rpf*	*rpf*	*pp*	*pp*
dec_rayon	N/A	true	false	true	false
forme	*fixe/var.*	*fixe/var.*	*fixe/var.*	*fixe/var.*	*fixe/var.*

7.3 Résultats des simulations

Nous avons implémenté le protocole NLAS avec la récupération de plusieurs réponses. Dans les figures suivantes illustrant les simulations, nous ne présentons pas tous les résultats des 10 variantes car certaines d'entre elles ont des résultats similaires à d'autres. Par conséquent nous ne montrons que les résultats des variantes 1, 2, 3, 6, 7 et 8 (notées Vx (y) sur les figures). x représente le numéro de la variante et y représente le nombre maximum autorisé de tentatives. Notons qu'en ce qui concerne l'ERS, le nombre maximum autorisé de tentatives vaut 5.

La figure 7.2 montre le temps moyen nécessité par une recherche. Le temps de recherche diminue lorsque le pourcentage d'agents augmente car la probabilité de trouver un agent plus proche est plus élevée (et donc il est trouvé plus rapidement). Toutes les variantes ont des résultats similaires. Leurs valeurs sont inférieures à la moitié de celles de l'ERS. Cela est dû au fait que les variantes nécessitent moins de tentatives pour trouver un agent et chaque tentative échouée prend 200ms. La recherche orientée est globalement plus rapide que l'ERS.

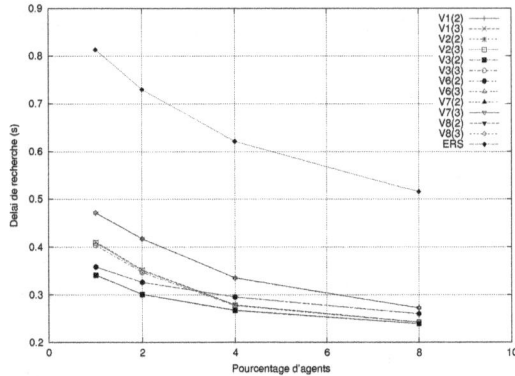

FIGURE 7.2 – Temps (délai) de recherche

La figure 7.3 illustre le nombre moyen de réponses reçues par la source lors d'une recherche. Nous remarquons que toutes les variantes ont un nombre de réponses qui augmente linéairement avec le pourcentage d'agents. L'ERS au contraire plafonne rapidement à 2 réponses. Nous pourrions augmenter ce nombre en augmentant le TTL initial mais nous allons déjà jusqu'à 5 et un TTL initial supérieur ne serait sans doute pas acceptable dans l'Internet (i.e., diffusion trop importante). L'avantage d'obtenir plusieurs réponses est de pouvoir choisir l'agent le mieux adapté en prenant en considération des critères de délai mais aussi applicatifs. A 1% d'agents, certaines variantes récupèrent en moyenne moins d'une réponse (i.e., trouvent en moyenne moins d'un agent) ce qui signifie que la recherche peut échouer. Les variantes pouvant effectuer 3 tentatives obtiennent logiquement un plus grand nombre de réponses en moyenne.

Le nombre moyen de paquets diffusés pour une recherche est illustré sur la figure 7.4. Les valeurs de l'ERS dépendent beaucoup du % d'agents. Bien que ce nombre soit très faible lorsque le % est élevé, l'utilisation de l'ERS dans le contexte de l'Internet tout entier où les agents sont typiquement très rares (par rapport au nombre total de routeurs) peut se révéler très coûteux. Les valeurs des variantes sont relativement indépendantes du % d'agents car elles dépendent

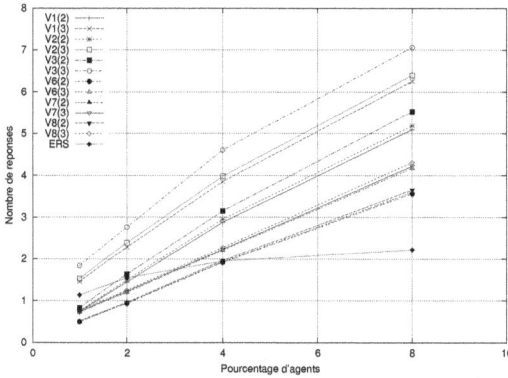

FIGURE 7.3 – Nombre moyen de réponses

surtout de la distance S-D et moins de la densité des agents. Les variantes avec un rayon **variable** ont les valeurs les plus faibles car le *rayon_init* est divisé par une valeur élevée du facteur α (voir section 3.1.2). Donc les valeurs du *rayon* sont plus petites et moins de paquets sont diffusés.

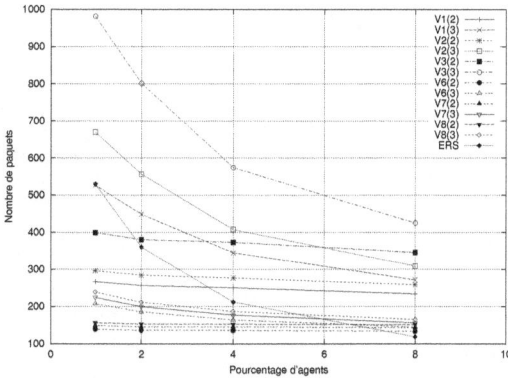

FIGURE 7.4 – Nombre de paquets diffusés

La figure 7.5 illustre le nombre moyen de routeurs touchés par une requête lors d'une recherche. Nous remarquons que la majorité des variantes touchent un nombre de routeurs indépendant du pourcentage d'agents. Cela s'explique par le fait que la zone couverte dépend principalement de la distance SD et le droit à 2 tentatives limite la diffusion qui pourrait être créée par le fait de ne pas trouver d'agents lorsque le pourcentage est faible. Par contre l'ERS et certaines variantes effectuant 3 tentatives diminuent avec le pourcentage d'agents par l'effet suscité.

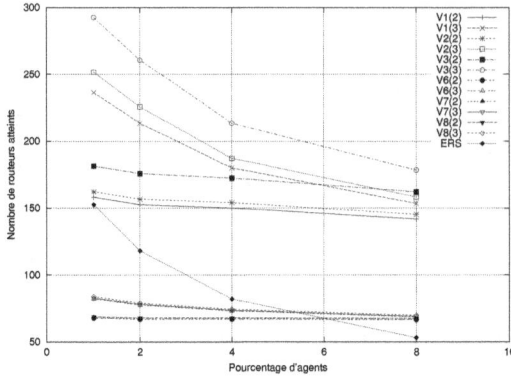

FIGURE 7.5 – Nombre moyen de routeurs touchés

La figure 7.6 illustre le numéro moyen de la tentative qui trouve un agent. Toutes les variantes nécessitent 1 à 1.5 tentatives en moyenne pour trouver un agent ce qui démontre l'efficacité de l'orientation de la recherche. A l'inverse, l'ERS nécessite un nombre de tentatives moyen très dépendant du pourcentage d'agent et qui se situe autour de 3, ce qui implique un délai de recherche plus important que les variantes. Notons que à 1% d'agents les variantes effectuant 3 tentatives ont logiquement un numéro moyen plus élevé car le besoin de faire une troisième tentative, dans le cas où les deux premières ont été infructueuses, apparaît plus souvent.

Le facteur de succès, illustré sur la figure 7.7, est égal au nombre de recherche fructueuses divisé par le nombre total de recherches. Les valeurs de l'ERS sont meilleures que celles des variantes ayant un rayon *variable* et meilleures que celles des variantes ayant un rayon *fixed* lorsque le % d'agents est inférieur ou égal à 2. Si le facteur de succès est primordial et que le protocole souhaite trouver un agent dans plus de 80% des cas, il peut le faire en augmentant le nombre maximum de tentatives de 2 à 3 (les résultats sont montrés sur la

140

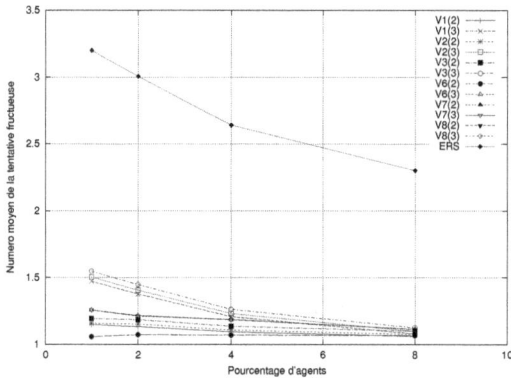

FIGURE 7.6 – Numéro moyen de tentative réussie

figure 7.7 pour V1, V2 et V3). Cela aura un coût supplémentaire en termes de création de paquets.

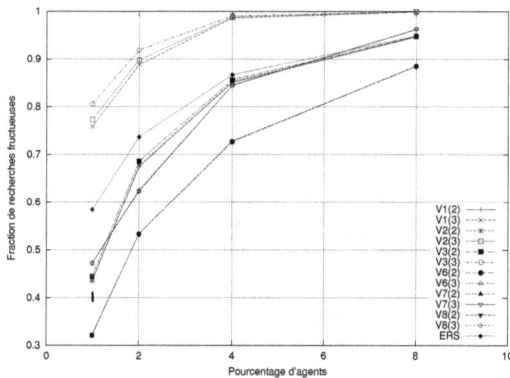

FIGURE 7.7 – Facteur de succès

La figure 7.8 illustre le pourcentage de recherches fructueuses dans lesquelles le premier agent trouvé est différent du meilleur agent trouvé en termes de délai S-A-D. Nous avons trouvé que lorsque plusieurs agents sont trouvés le premier agent diffère du meilleur agent (au niveau du délai S-A-D) dans seulement 3.42% des cas en moyenne, avec un écart-type de 2% et un maximum de 8.52%. Cela signifie que dans la majorité des cas le premier agent découvert est acceptable

141

et limiter la recherche à celui-ci simplifie l'implémentation. Nous remarquons sur la figure 7.8 que ce pourcentage augmente lorsque le pourcentage d'agents augmente de 1 à 4% (sauf pour l'ERS dont les résultats sont chaotiques) puis diminue pour les variantes effectuant 3 tentatives et augmente ou reste stationnaire pour les autres.

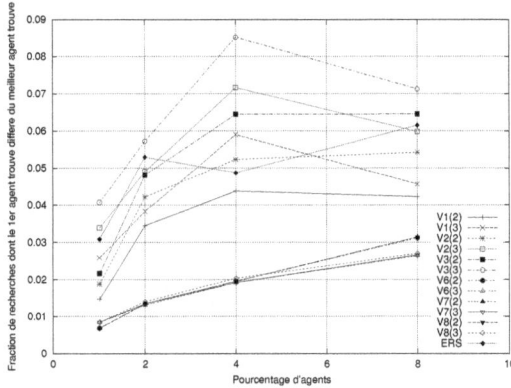

FIGURE 7.8 – Facteur de différence entre le premier et le meilleur agent

La figure 7.9 illustre les tracés du facteur de redondance de paquets. Ce facteur est égal au nombre total de routeurs touchés par un ou plusieurs paquets divisé par le nombre de paquets de recherche diffusés (toutes les tentatives effectuées sont prises en compte). Un facteur de 1 signifie que chaque routeur a reçu un et un seul paquet ce qui constitue le cas idéal. Un facteur de 0.5 signifie que chaque routeur touché a reçu en moyenne deux paquets. Ce facteur est une mesure de la quantité de paquets redondants. Les valeurs de l'ERS augmentent avec le % d'agents principalement parce que le nombre de paquets diminue (voir figure 7.4). Les variantes ont des résultats divers selon leurs paramètres. Les variantes ayant un rayon *fixe* et le ***dec_rayon*** fixé à **true** ont les meilleures performances. Les variantes ne dépendent pas beaucoup du % d'agents car nous avons vu sur la figure 7.4 que le nombre de paquets diffusés varie peu avec le % d'agents. Cela implique que le nombre de routeurs touchés par les variantes varie lui aussi peu avec le % d'agents.

Le facteur de délai illustré sur la figure 7.10 est égal au délai S-D divisé par

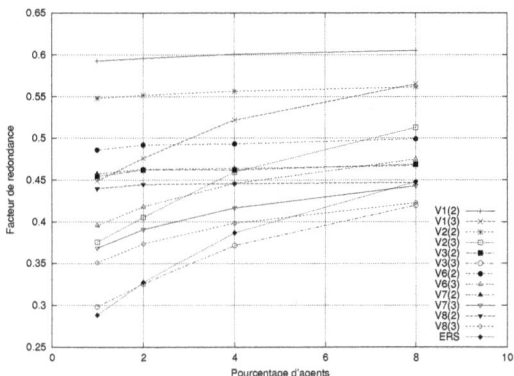

FIGURE 7.9 – Facteur de redondance de paquets

le délai S-A-D (lorsqu'il existe). Plus ce facteur est proche de 1, plus l'agent trouvé est proche d'un plus court chemin entre S et D. Les valeurs de l'ERS sont inférieures aux valeurs des variantes car étant donné que l'ERS recherche des agents dans toutes les directions, elle ne trouve pas nécessairement des agents situés près d'un plus court chemin SD contrairement à une recherche orientée.

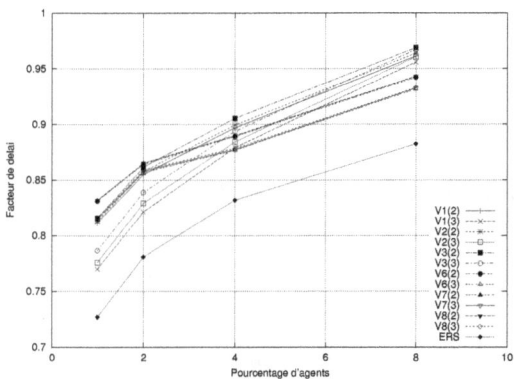

FIGURE 7.10 – Facteur de délai

Le facteur de distance illustré sur la figure 7.11 est égal au nombre de sauts entre S et D divisé par le nombre de sauts entre S et A plus celui entre A et D (lorsque A existe). Plus ce facteur est proche de 1, plus l'agent trouvé

143

est proche d'un plus court chemin entre S et D si l'on considère le nombre de sauts. Les valeurs de l'ERS sont, comme précédemment pour le facteur de délai, inférieures aux valeurs des variantes pour des raisons identiques. Notons que les deux métriques donnent des résultats similaires bien que les délais aient été attribués de façon pseudo-aléatoire. Bien qu'en théorie on pourrait avoir des routes avec des délais plus faibles que d'autres mais ayant des distances (un nombre de sauts) plus grandes, les résultats des simulations nous montrent qu'il y a une corrélation forte entre délais et distances. Une modélisation différente des délais pourrait cependant donner des résultats différents.

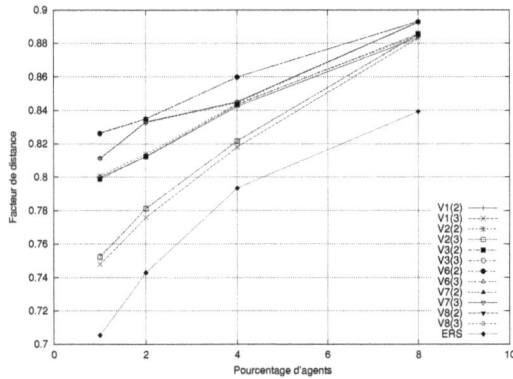

FIGURE 7.11 – Facteur de nombre de sauts

Pour synthétiser tous ces résultats nous avons défini un ratio appelé facteur d'efficacité. Il est égal au facteur de succès multiplié par le facteur de redondance des paquets et divisé par le temps de recherche. C'est une formule empirique avec une approche multiplicative. Nous l'avons définie de façon simple afin de définir un indicateur basique. La figure 7.12 illustre les tracés du facteur d'efficacité. Toutes les variantes et l'ERS possèdent une efficacité qui augmente plus ou moins fortement avec le pourcentage d'agents. Ce qui est logique puisque lorsque le pourcentage d'agents augmente, ceux-ci sont trouvés plus fréquemment (donc le facteur de succès augmente) et avec moins de tentatives (donc le temps de recherche diminue).

Afin de faciliter les comparaisons, nous avons défini le facteur d'efficacité relative qui dérive du facteur d'efficacité. Pour l'obtenir, le facteur d'efficacité

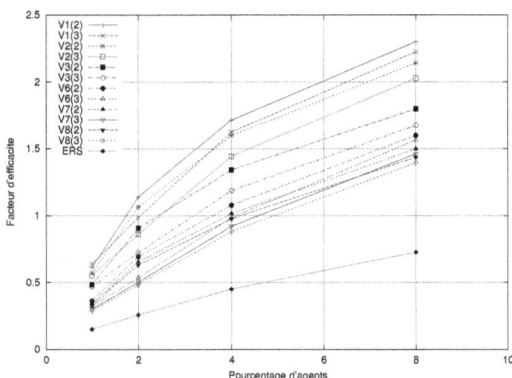

FIGURE 7.12 – Facteur d'efficacité

d'une variante est divisé par le facteur d'efficacité de l'ERS. Ce nouveau facteur permet d'évaluer immédiatement si une variante est plus efficace que l'ERS. Les facteurs d'efficacité relative des variantes sont tracés sur la figure 7.13. Les variantes ayant un rayon initial fixé (i.e., correspondant à la forme (a) de la figure 3.2) ont toujours une efficacité supérieure aux variantes ayant un rayon initial variable (i.e., la forme (b)). Toutes les variantes ont des valeurs au moins deux fois plus élevées que l'ERS dans n'importe quelles conditions. En particulier, les variantes 1 et 2 sont 400% plus performantes que l'ERS lorsque le % d'agents est inférieur à 4%. L'irrégularité des variantes ayant un *tentat_max* de 2 dans les scénarii avec 2% d'agents est dû à une augmentation plus élevée de l'efficacité de ces variantes comparé à l'augmentation de l'efficacité de l'ERS (i.e., si nous regardons les tracés de l'efficacité illustrés sur la figure 7.12 plutôt que ceux de l'efficacité relative, nous voyons que ces tracés sont monotones, ils croissent régulièrement). L'efficacité relative de notre service augmente lorsque les agents se font plus rares. Rappelons que notre solution n'est pas optimisée pour trouver des services usuels ayant de nombreux agents disséminés dans le réseau. Dans un contexte d'agents épars et d'utilisation à grande échelle (i.e., au niveau inter-domaine) les variantes de l'algorithme de recherche par diffusion orientée sont nettement plus performantes que l'ERS qui est actuellement utilisée.

Eu égard à nos paramètres de simulation (i.e., placement aléatoire des

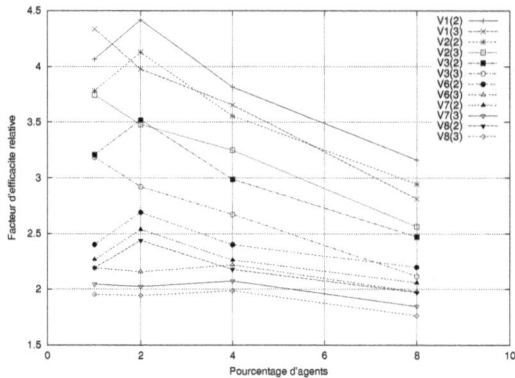

FIGURE 7.13 – Facteur d'efficacité relative

agents, ...), nous présentons dans le tableau 7.5 les variantes les plus performantes en moyenne (i.e., toutes densités d'agents confondues).

TABLE 7.5 – Classement des variantes les plus performantes

Classement	Variante(Nbre de tentatives maxi)	Efficacité relative moyenne
1er	V1(2)	3,866
2ème	V1(3)	3,695
3ème	V2(2), V4(2)	3,603
4ème	V5(2)	3,523
5ème	V2(3)	3,259
6ème	V5(3)	3,233
7ème	V3(2)	3,047

Nous voyons que ce sont les variantes ayant un rayon fixe qui sont les plus
efficaces. Parmi elles, la variante 1 avec diffusion orthogonale possède l'efficacité
relative moyenne la plus élevée (quel que soit le nombre maximum autorisé de
tentatives). Il serait intéressant d'étudier d'autres stratégies de placement des
agents afin de voir si ce classement se confirme. En tous cas nous préférons
pouvoir conserver le choix d'une variante plutôt que de figer l'algorithme dans
une de ses variantes possibles afin de pouvoir adapter l'algorithme à des critères
topologiques ou applicatifs pas encore définis.

146

Conclusion

Contribution

Nous avons montré par de nombreux exemples le besoin d'un mécanisme de recherche d'agent pour les protocoles et les applications réseaux. Afin de proposer un service fédérateur à tous ces protocoles et ainsi d'éviter des implémentations multiples, nous avons défini un service recherche d'agent ainsi que son protocole correspondant. Celui-ci s'exécute au niveau de la couche réseau et se base sur un protocole original de diffusion multipoint orientée qui permet d'éviter le phénomène d'explosion de paquets corrélé à la diffusion multipoint habituelle. Nous avons créé ce protocole de diffusion multipoint orientée pour permettre d'améliorer l'efficacité des recherches au niveau de la couche réseau cependant son architecture lui permet d'être employé à d'autres fins car il constitue un protocole à part entière. Notre service de recherche permet à un client de trouver un agent intermédiaire placé topologiquement de façon judicieuse dans le réseau.

Nous avons démontré par simulation que notre service de recherche d'agent orienté est plus performant que le mécanisme de recherche par anneaux croissants couramment utilisé par les protocoles actuels. Les agents trouvés optimisent le critère de délai et/ou de distance entre les entités concernées de la communication et par conséquent ils contribuent à l'amélioration de la performance globale du protocole client. De plus, les agents sont trouvés plus rapidement avec une diffusion moindre de paquets. Ces résultats ont été validés par la communauté scientifique sous forme de plusieurs publications internationales [MPPG00, MP01a, MP01g, MP02].

Les simulations de nos protocoles nous ont amené à étudier la topologie

147

de l'Internet dans une étape préparatoire. Nous avons dans un premier temps étudié la topologie des Systèmes Autonomes de l'Internet ce qui nous a permis de découvrir quatre nouvelles lois puissances. Nous avons ensuite étudié la topologie des routeurs de l'Internet. Nous avons trouvé que les lois puissances sont aussi vérifiées dans ce cadre. Cela nous a permis de définir un ensemble d'invariants topologiques appelés indicateurs et permettant de caractériser une topologie de type Internet avec précision. Après avoir évalué les générateurs de graphes actuels grâce à ces indicateurs et constaté certains de leurs défauts, nous avons créé notre propre générateur de topologies de type Internet [Mag]. Celui-ci procède à la création d'un graphe par un échantillonnage d'une carte réelle. Nous l'avons conçu afin que les graphes qu'il génère vérifient les indicateurs que nous avons définis lors de l'étude de la topologie de l'Internet au niveau des routeurs. Les résultats des analyses de la topologie d'Internet ainsi que ceux de la précision de notre générateur de graphes ont aussi fait l'objet de plusieurs publications internationales [MP01d, MP01b, MP01e].

Perspectives

Tous les protocoles et applications capable d'orienter leur recherche en direction d'une cible spécifique pourraient bénéficier de l'utilisation de notre service. Nous espérons qu'il fournira une alternative appropriée et efficace à la recherche par anneaux croissants. De plus la création d'un protocole spécifique permettra d'éviter la situation actuelle où chaque protocole implémente son mécanisme de recherche en interne qui n'est souvent qu'une (ou un dérivé de la) recherche par anneaux croissants. Cependant beaucoup de points sont encore à étudier :

- L'intégration des machines hôtes dans notre architecture reste à effectuer. Nous devons étudier si le même protocole peut être implanté dans les hôtes ou bien si les hôtes doivent déclarer leurs services auprès de leur routeur voisin.
- Le déploiement partiel dans l'Internet d'une implémentation du protocole de diffusion multipoint orientée est techniquement envisageable. Cependant le fait que tous les routeurs n'exécutent pas une instance du protocole OMP peut avoir des effets sur la diffusion qui devraient être évalués au

préalable par simulation. Les routeurs qui n'exécutent pas le protocole de diffusion vont transmettre les paquets en point-à-point vers la cible et cela pourra influencer grandement la taille ou la forme de la zone couverte par la recherche. D'où une répercussion certaine sur les performances du protocole de recherche d'agent.

– Nous avons montré que nos protocoles sont tout à fait adaptés au déploiement à grande échelle cependant nous avons écarté toute contrainte de politique de routage de notre étude. Or, et ceci est particulièrement vrai dans le routage inter-domaine, des raisons administratives ou politiques pourraient pousser des entités telles que des AS à refuser de diffuser des requêtes de recherche provenant de l'extérieur. Une étude des effets de la politique de routage en inter-domaine sur nos deux protocoles serait donc souhaitable. Il serait aussi intéressant de contrôler de combien d'AS les paquets de recherche s'écartent de la route entre la source et la cible. En effet, les AS qui ne sont pas sur cette route ne seront probablement pas disposés à diffuser ces paquets de recherche.

– Enfin la prise en charge de la sécurité est importante dans le cadre de ces deux protocoles. Concernant la diffusion multipoint orientée, une utilisation détournée de celle-ci (telle que l'emploi d'un *rayon* initial élevé) pourrait produire une importante quantité de paquets ce qui aurait pour effet de congestionner le réseau. Concernant la recherche d'agent, un système de filtrage pourrait être mis en place sur les agents afin d'écarter les requêtes mal intentionnées. Ces agents pourraient n'accepter que des requêtes provenant de machines ou d'utilisateurs possédant des accréditations appropriées (surtout si l'agent fournit une ou des fonctions sensibles).

Si ces protocoles suscitent un intérêt pour la communauté scientifique de recherche réseau alors d'autres étapes de développement pourront être envisagées. En particulier ce travail pourra permettre de débuter un projet d'implémentation.

Bibliographie

[AB00]   Réka Albert and Albert-László Barabási. Topology of evolving
             networks : local events and universality. *Physical Review Letters*,
             (85) :5234, 2000.

[ACL00]   William Aiello, Fan Chung, and Linyuan Lu. A random graph
             model for massive graphs. In *Proceedings of ACM STOC'00*, pages
             171–180, 2000.

[AFM92]   Susan Armstrong, Alan Freier, and Keith Marzullo. Multicast
             transport protocol. Request For Comments 1301, Internet Engi-
             neering Task Force, February 1992.

[AHU74]   Alfred V. Aho, John E. Hopcroft, and Jeffrey D. Ullman. *The De-
             sign and Analysis of Computer Algorithms*. Addison-Wesley, 1974.

[AHU83]   Alfred V. Aho, John E. Hopcroft, and Jeffrey D. Ullman. *Data
             Structures and Algorithms*. Addison-Wesley, 1983.

[AMK98]   Elan Amir, Steven McCanne, and Randy Katz. An active service
             framework and its application to real-time multimedia transcoding.
             ACM Computer Communication Review, 28(4) :178–189, August
             1998.

[Baa88]   Sara Baase. *Computer Algorithms*. Addison-Wesley, 2nd edition,
             1988.

[Bal97a]   Tony Ballardie. Cbt version 2 multicast routing. Request For Com-
             ments 2189, Internet Engineering Task Force, September 1997.

[Bal97b]   Tony Ballardie. Core based trees multicast routing architecture.
             Request For Comments 2201, Internet Engineering Task Force, Sep-
             tember 1997.

[BAZ⁺97] Samrat Bhattacharjee, Mostafa Ammar, Ellen Zegura, Viren Shah, and Zongming Fei. Application layer anycasting. In *Proceedings of IEEE INFOCOM'97*, April 1997.

[BB88] Gilles Brassard and Paul Bratley. *Algorithmics Theory & Practice*. Prentice-Hall, 1988.

[BEH⁺98] Erol Basturk, Robert Engel, Robert Haas, Vinod Peris, and Debanjan Saha. Using network layer anycast for load distribution in the internet. In *Proceedings of GLOBECOM/GIS'98*, December 1998.

[Ber62] Christian Berge. *The Theory of Graphs and its Applications*. Methuen, 1962.

[BFP98] Anindo Banerjea, Michalis Faloutsos, and Rajesh Pankaj. Designing qosmic : A quality of service sensitive multicast internet protocol. In *Proceedings of ACM SIGCOMM'98*, Vancouver, BC, Canada, September 1998.

[BP00] Scott Bradner and Vern Paxson. Iana allocation guidelines for values in the internet protocol and related headers. Request For Comments 2780, Internet Engineering Task Force, March 2000.

[BZB⁺97] Roy Braden, Lixia Zhang, Steve Berson, Shai Herzog, and Sugih Jamin. Resource reservation protocol (rsvp) – version 1 functional specification. Request For Comments 2201, Internet Engineering Task Force, September 1997.

[CC97] Ken Carlberg and Jon Crowcroft. Building shared trees using a one-to-many joining mechanism. *ACM Computer Communication Review*, 27(1) :5–11, January 1997.

[CC99] Ken Carlberg and Jon Crowcroft. Examining the construction of shared trees using different metrics. In *Proceedings of IEEE RTAS'99 Workshop*, June 1999.

[CG85] B. Croft and J. Gilmore. Bootstrap protocol (bootp). Request For Comments 951, Internet Engineering Task Force, September 1985.

[CGK01] Tarik Cicic, Stein Gjessing, and Oivind Kure. Performance evaluation of pim-sm recovery. In *Proceedings of IEEE ICN'01*, volume 2093 of *LNCS*, pages 488–497, Colmar, France, July 2001.

[CZD95]   Kenneth Calvert, Ellen Zegura, and Michael Donahoo. Core se-
           lection methods for multicast routing. In *Proceedings of 4th IEEE
           ICCCN'95*, pages 638–642, Las Vegas, Nevada, USA, September
           1995.

[DC90]   Stephen Deering and David Cheriton. Multicast routing in inter-
           networks and extended lans. *ACM Transactions on Computer Sys-
           tems*, 8(2) :85–110, May 1990.

[Dee89]   Stephen Deering. Host extensions for ip multicasting. Request For
           Comments 1112, Internet Engineering Task Force, August 1989.

[Dee91]   Steve Deering. *Multicast Routing in Datagram Internetwork*. PhD
           thesis, Stanford University, California, USA, December 1991.

[DEF+97]   Stephen Deering, Deborah Estrin, Dino Farinacci, Van Jacobson,
           Ahmed Helmy, and Liming Wei. Protocol independent multicast
           version 2 dense mode specification. Internet draft, Internet Engi-
           neering Task Force, May 1997.

[DH98]   Steve Deering and R. Hinden. Internet protocol version 6 (ipv6)
           specification. Request For Comments 2460, Internet Engineering
           Task Force, December 1998.

[DM78]   Yogan Dalal and Robert Metcalfe. Reverse path forwarding of
           broadcast packets. *Communications of the ACM*, 21(12) :1040–
           1048, December 1978.

[Doa96]   Matthew Doar. A better model for generating test networks. In
           Proceedings of IEEE GLOBECOM'96, November 1996.

[Dro93]   Ralph Droms. Interoperation between dhcp and bootp. Request For
           Comments 1534, Internet Engineering Task Force, October 1993.

[Dro97]   Ralph Droms. Dynamic host configuration protocol. Request For
           Comments 2131, Internet Engineering Task Force, March 1997.

[DZ96]   Michael Donahoo and Ellen Zegura. Core migration for dynamic
           multicast routing. In *Proceedings of 5th IEEE ICCCN'96*, pages
           92–98, Washington DC, USA, October 1996.

[EFH+98]   Deborah Estrin, Dino Farinacci, Ahmed Helmy, D Thaler, Stephen Deering, M Handley, Van Jacobson, Ching-Gung Liu, Puneet Sharma, and Liming Wei. Protocol independent multicast-sparse mode (pim-sm) : Protocol specification. Request For Comments 2362, Internet Engineering Task Force, June 1998.

[Fen97a]   William Fenner. Domain wide multicast group membership reports. Idmr working draft, Internet Engineering Task Force, 1997.

[Fen97b]   William Fenner. Internet group management protocol version 2. Request For Comments 2236, Internet Engineering Task Force, November 1997.

[FFF99]   Michalis Faloutsos, Petros Faloutsos, and Christos Faloutsos. On power-law relationships of the internet topology. In *Proceedings of ACM SIGCOMM'99*, pages 251–262, Cambridge, Massachusetts, USA, August 1999.

[FHM97]   Eric Fleury, Yih Huang, and Philip McKinley. On the performance and feasibility of multicast core selection heuristics. In *Proceedings of IEEE ICCCN'97*, October 1997.

[FJM+97]   Sally Floyd, Van Jacobson, Steven McCanne, Ching-Gung Liu, and Lixia Zhang. A reliable multicast framework for light-weight sessions and application level framing. *IEEE / ACM Transactions on Networking*, 5(6), December 1997.

[FJP+99]   Paul Francis, Sugih Jamin, Vern Paxson, Lixia Zhang, Daniel Gryniewicz, and Yixin Jin. An architecture for a global internet host distance estimation service. In *Proceedings of IEEE INFOCOM'99*, March 1999.

[Fra98]   Paul   Francis.   *Host   Proximity   Service   (HOPS)*. http ://www.ingrid.org/hops, August 1998.

[FWM98]   Dino Farinacci, Liming Wei, and John Meylor. Use of anycast clusters for inter-domain multicast routing. Internet draft, Internet Engineering Task Force, March 1998.

[GPMZ96]   Dominique Grad, Jean-Jacques Pansiot, and Stella Marc-Zwecker.

Distributed computation of reduced multicast trees. In *Proceedings of TDP'96*, pages 91–107, La Londe les Maures, June 1996.

[GT00]   Ramesh Govindan and Hongsuda Tangmunarunkit. Heuristics for internet map discovery. In *Proceedings of IEEE INFOCOM'00*, Tel Aviv, Israël, March 2000.

[GVE00]   A. Gulbrandsen, P. Vixie, and L. Esibov. A dns rr for specifying the location of services (dns srv). Request For Comments 2782, Internet Engineering Task Force, February 2000.

[Har69]   Frank Harary. *Graph Theory*. Addison-Wesley, 1969.

[HFM98]   Yih Huang, Eric Fleury, and Philip McKinley. Lcm : A multicast core management protocol for link-state routing networks. In *Proceedings of IEEE ICC'98*, June 1998.

[HJ95]   Mark Handley and Van Jacobson. Sdp : Session description protocol. Internet draft, Internet Engineering Task Force, 1995.

[HM03]   Mickael Hoerdt and Damien Magoni. Completeness of the internet core topology collected by a fast mapping software. In *Proceedings of the 11th International Conference on Software, Telecommunications and Computer Networks*, pages 257–261, Split, Croatia, October 2003.

[Hof97]   Markus Hofmann. Enabling group communication in global networks. In *Proceedings of GLOBECOM'97*, Calgary, Alberta, Canada, June 1997.

[HR97]   Markus Hofmann and Manfred Rohrmüller. Impact of virtual group structure on multicast performance. In *Proceedings of 4th COST237 Workshop*, Lisboa, Portugal, December 1997.

[HSC95]   Hugh Holbrook, Sandeep Singhal, and David Cheriton. Log-based receiver-reliable multicast for distributed interactive simulation. In *Proceedings of ACM SIGCOMM'95*, August 1995.

[JCJ00]   Cheng Jin, Qian Chen, and Sugih Jamin. Inet : Internet topology generator. Technical Report CSE-TR-433-00, University of Michigan, 2000.

155

[JD99]   David Johnson and Stephen Deering. Reserved ipv6 subnet anycast addresses. Request For Comments 2526, Internet Engineering Task Force, March 1999.

[JJJ+00]   Sugih Jamin, Cheng Jin, Yixin Jin, Danny Raz, Yuval Shavitt, and Lixia Zhang. On the placement of internet instrumentation. In *Proceedings of IEEE INFOCOM'00*, Tel Aviv, Israël, March 2000.

[JJK+01]   Sugih Jamin, Cheng Jin, Anthony Kurc, Danny Raz, and Yuval Shavitt. Constrained mirror placement on the internet. In *Proceedings of IEEE INFOCOM'01*, Anchorage, Alaska, USA, April 2001.

[JNG01]   Yanxia Jia, Ioanis Nikolaidis, and Pawel Gburzynski. Multiple path routing in networks with inaccurate link state information. In *Proceedings of IEEE ICC'01*, Helsinki, Finland, June 2001.

[Kat97]   D. Katz. Ip router alert option. Request For Comments 2113, Internet Engineering Task Force, February 1997.

[KKFM99]   Dorian Kim, Henry Kilmer, Dino Farinacci, and David Meyer. Anycast rp mechanism using pim and msdp. Internet draft, Internet Engineering Task Force, February 1999.

[KMR01]   Jens-Uwe Klöcking, Christian Maihöfer, and Kurt Rothermel. Reducing multicast inter-receiver delay jitter - a server based approach. In *Proceedings of IEEE ICN'01*, volume 2093 of *LNCS*, pages 498–507, Colmar, France, July 2001.

[KW99]   Dina Katabi and John Wroclawski. A framework for global ip-anycast. Internet draft, Internet Engineering Task Force, June 1999.

[KW00]   Dina Katabi and John Wroclawski. A framework for scalable global ip-anycast (gia). In *Proceedings of ACM SIGCOMM'00*, Stockholm, Sweden, August 2000.

[Mag]   Damien Magoni. *network manipulator (nem)*. Université Louis Pasteur, http ://www-r2.u-strasbg.fr/nem/.

[MMB00]   Alberto Medina, Ibrahim Matta, and John Byers. On the origin of power laws in internet topologies. *ACM Computer Communication Review*, 30(2), April 2000.

[Moc87]   P. Mockapetris. Domain names - implementation and specification. Request for comments, Internet Engineering Task Force, November 1987.

[Mog84a]   Jeffrey Mogul. Broadcasting internet datagrams. Request For Comments 919, Internet Engineering Task Force, October 1984.

[Mog84b]   Jeffrey Mogul. Broadcasting internet datagrams in the presence of subnets. Request For Comments 922, Internet Engineering Task Force, October 1984.

[Moy94]   John Moy. Multicast extensions to ospf. Request For Comments 1584, Internet Engineering Task Force, March 1994.

[MP85]   Jeffrey Mogul and Jon Postel. Internet standard subnetting procedure. Request For Comments 950, Internet Engineering Task Force, August 1985.

[MP01a]   Damien Magoni and Jean-Jacques Pansiot. Algorithm for an oriented multicast routing protocol. In *Proceedings of the IEEE International Conference on Communications*, pages 2593–2597, Helsinki, Finland, June 2001.

[MP01b]   Damien Magoni and Jean-Jacques Pansiot. Analysis of the autonomous system network topology. *ACM Computer Communication Review*, 31(3) :26–37, July 2001.

[MP01c]   Damien Magoni and Jean-Jacques Pansiot. Comparative study of internet-like topology generators. Technical Report ULP-LSIIT-RR-2001-08, Université Louis Pasteur, May 2001.

[MP01d]   Damien Magoni and Jean-Jacques Pansiot. Influence of network topology on protocol simulation. In *Proceedings of the 1st International Conference on Networking*, pages 762–770, July 2001.

[MP01e]   Damien Magoni and Jean-Jacques Pansiot. Internet topology analysis and modeling. In *Proceedings of the 16th IEEE Computer Communications Workshop*, October 2001.

[MP01f]   Damien Magoni and Jean-Jacques Pansiot. Modeling the router level topology of internet. Technical Report ULP-LSIIT-RR-2001-04, Université Louis Pasteur, January 2001.

[MP01g]   Damien Magoni and Jean-Jacques Pansiot. Oriented multicast routing algorithm applied to network level agent search. *Discrete Mathematics and Theoretical Computer Science*, 4(2) :255–272, August 2001.

[MP01h]   Damien Magoni and Jean-Jacques Pansiot. Sampling algorithm for an internet-like topology generator. Technical Report ULP-LSIIT-RR-2001-07, Université Louis Pasteur, May 2001.

[MP02]   Damien Magoni and Jean-Jacques Pansiot. Network layer search service using oriented multicasting. In *Proceedings of the 21st IEEE Joint Conference on Computer Communications and Networking*, pages 1346–1355, New York City, New York, USA, June 2002.

[MPPG00]   Damien Magoni, Jean-Jacques Pansiot, David Paté, and Dominique Grad. Agent search by oriented multicast. In *Proceedings of the 1st ACIS International Conference on Software engineering applied to Networking & Parallel/Distributed computing*, pages 181–188, Reims, France, May 2000.

[NNS98]   Thomas Narten, Erik Nordmark, and William Simpson. Neighbor discovery for ip version 6. Request For Comments 2461, Internet Engineering Task Force, December 1998.

[PAMM98]   Vern Paxson, G. Almes, Jamshid Mahdavi, and Matt Mathis. Framework for ip performance metrics. Technical report, Internet Engineering Task Force, 1998.

[Pat01]   M. Patrick. Dhcp relay agent information option. Request For Comments 3046, Internet Engineering Task Force, January 2001.

[Pax96]   Vern Paxson. Towards a framework for defining internet performance metrics. In *Proceedings of INET'96*, Montreal, 1996.

[PF97]   Vern Paxson and Sally Floyd. Why we don't know how to simulate the internet. In *Proceedings of the 1997 Winter Simulation Conference*, Atlanta, Georgia, USA, December 1997.

[PG98]   Jean-Jacques Pansiot and Dominique Grad. On routes and multicast trees in the internet. *ACM Computer Communication Review*, 28(1) :41–50, January 1998.

[PGMZ95]   Jean-Jacques Pansiot, Dominique Grad, and Stella Marc-Zwecker. Towards a logical addressing and routing sublayer for internet multicasting. In *Proceedings of PROMS'95*, pages 521–535, Salzburg, Austria, October 1995.

[PGNA98]   Jean-Jacques Pansiot, Dominique Grad, Thomas Noël, and Abdelghani Alloui. Logical addressing and routing for multicasting (lar). Technical report, Internet Engineering Task Force, November 1998.

[PMAM98]   Vern Paxson, Jamshid Mahdavi, Andrew Adams, and Matt Mathis. An architecture for large scale internet measurement. *IEEE Transactions on Communications*, 1998.

[PMM93]   Craig Partridge, Trevor Mendez, and Walter Milliken. Host anycasting service. Request For Comments 1546, Internet Engineering Task Force, November 1993.

[Pos80]   Jon Postel. User datagram protocol. Request For Comments 768, Internet Engineering Task Force, August 1980.

[Pos81a]   Jon Postel. Internet protocol. Request For Comments 791, Internet Engineering Task Force, September 1981.

[Pos81b]   Jon Postel. Transmission control protocol. Request For Comments 793, Internet Engineering Task Force, September 1981.

[PR01]   Elena Pagani and Gian Paolo Rossi. Analysis and evaluation of qos-sensitive multicast routing policies. In *Proceedings of IEEE ICN'01*, volume 2093 of *LNCS*, pages 468–477, Colmar, France, July 2001.

[pro]   VINT project. *network simulator (ns-2)*. UCB/LBNL, USC/ISI, Xerox PARC, http ://www.isi.edu/nsnam/vint/.

[PS00]   Christopher Palmer and Gregory Steffan. Generating network topologies that obey power laws. In *Proceedings of IEEE GLOBE-COM'00*, San Francisco, California, USA, November 2000.

[PSLB97]   Sanjoy Paul, Krishan Sabnani, John Lin, and Supratik Bhattacharyya. Reliable multicast transport protocol (rmtp). *IEEE Journal on Selected Areas in Communications*, 15(3), April 1997.

[RES01]   Vincent Roca and Ayman El-Sayed. A host-based multicast solution for group communications. In *Proceedings of IEEE ICN'01*, volume 2093 of *LNCS*, pages 610–619, Colmar, France, July 2001.

[RP94]   Joyce Reynolds and Jon Postel. Assigned numbers. Request For Comments 1700, Internet Engineering Task Force, October 1994.

[RTY+00] P. Radoslavov, H. Tangmunarunkit, H. Yu, R. Govindan, S. Shenker, and D. Estrin. On characterizing network topologies and analyzing their impact on protocol design. Technical report, University of Southern California, 2000.

[TFB01]   Justin Templemore-Finlayson and Stan Budkowski. Group communication and multicast. In *Proceedings of IEEE ICN'01*, volume 2093 of *LNCS*, pages 649–656, Colmar, France, July 2001.

[VGPK97] John Veizades, Erik Guttman, Charles Perkins, and Scott Kaplan. Service location protocol. Request For Comments 2165, Internet Engineering Task Force, June 1997.

[Wax88]   Bernard Waxman. Routing of multipoint connections. *IEEE Journal on Selected Areas in Communications*, 6(9):1617–1622, December 1988.

[WPD88]   Dan Waitzman, Craig Partridge, and Stephen Deering. Distance vector multicast routing protocol. Request For Comments 1075, Internet Engineering Task Force, November 1988.

[YGS95]   Rajendra Yavatkar, James Griffioen, and Madhu Sudan. A reliable dissemination protocol for interactive collaborative applications. In *Proceedings of ACM Multimedia'95*, 1995.

[ZCD97]   Ellen Zegura, Kenneth Calvert, and Michael Donahoo. A quantitative comparison of graph-based models for internetworks. *IEEE / ACM Transactions on Networking*, 5(6):770–783, December 1997.

[ZF01]   Daniel Zappala and Aaron Fabbri. An evaluation of shared multicast trees with multiple active cores. In *Proceedings of IEEE ICN'01*, volume 2093 of *LNCS*, pages 620–629, Colmar, France, July 2001.

Liste des tableaux

Table des figures

Résumé

Beaucoup de protocoles et d'applications nécessitent un mécanisme de découverte pour permettre à des clients de localiser un ou plusieurs noeuds spécifiques engagés dans la même communication. Ces noeuds spécifiques qui peuvent être des routeurs ou des machines hôtes sont usuellement appelés agents. Il n'existe pas actuellement de protocole de recherche d'agent prêt à remplir ce service au niveau de la couche réseau. Chaque protocole implémente habituellement sa propre solution. En particulier les protocoles multipoints utilisent souvent une technique de recherche appelés recherche par anneaux croissants. Cette méthode recherche des noeuds spécifiques dans toutes les directions et donc utilise beaucoup de bande passante. Cependant une recherche typique peut habituellement se limiter à une direction spécifique. Pour répondre à ce problème, nous proposons un service de recherche au niveau réseau en remplacement de la recherche par anneaux croissants. Ce service est basé sur un protocole de diffusion multipoint orientée de façon à obtenir une efficacité plus élevée que celle de la recherche par anneaux croissants. Le principe de la diffusion multipoint orientée est de canaliser la diffusion multipoint des paquet de recherche en direction d'un noeud spécial impliqué dans la communication de façon à balayer seulement une zone limitée du réseau. Nous décrivons le service et le protocole dynamique de recherche d'agent au niveau réseau ainsi que le protocole de diffusion multipoint orientée et nous fournissons des résultats de simulations comparatifs entre notre service et la recherche par anneaux croissants.

Mots-clés   Réseaux, protocoles, services, Internet, topologie, communication multipoint, diffusion orientée, agents, recherche, anneaux croissants.

Auteur   Damien Magoni est titulaire d'un doctorat (2002) et d'une habilitation à diriger des recherches (2007) de l'université de Strasbourg. Il est actuellement professeur à l'université de Bordeaux depuis 2008. Il a co-écrit plus d'une quarantaine de publications internationales dans le domaine des réseaux. Ses activités de recherche se concentrent sur les architectures et protocoles des réseaux de nouvelle génération.

www.ingramcontent.com/pod-product-compliance
Lightning Source LLC
Chambersburg PA
CBHW021056210326
41598CB00016B/1229